신규 간호사 안내서

여자 군대라고 불리는
대학병원 신규 간호사의
버티기, 경험, 성장에
대한 이야기

노은지 간호사 지음

포널스출판사 FORNURSE

신규 간호사 안내서

첫째판 1쇄 인쇄 | 2018년 1월 10일
1쇄 발행 | 2018년 1월 15일
2쇄 발행 | 2018년 3월 15일
3쇄 발행 | 2019년 3월 5일

지 은 이 | 노은지
발 행 인 | 모형중
편 집 인 | 김선은
북 디자인 | 김미자
일러스트 | 김만중

발 행 처 | 포널스 출판사
등 록 | 제2017-000021호
본 사 | 서울시 강북구 노해로8길 22 311호
강 북 지점 | 서울시 강북구 삼양로 104 1층
전 화 | 02-905-9671 Fax. 02-905-9670

포널스 출판사 FORNURSE
www.fornursebook.com

도서 반품과 파본 교환은 본사로 문의하시기 바랍니다.
검인은 지은이와의 합의로 생략합니다.

ISBN : 979-11-5746-709-9 03320
정 가 : 15,000원

신규 간호사 안내서

행동 하나 말 한마디
조심스럽던 신규 간호사가
제 몫을 하기까지……

노은지 간호사 지음

여자 군대라고 불리는
대학병원 신규 간호사의
버티기, 경험, 성장에
대한 이야기

포널스 출판사
FORNURSE

일러두기

국립국어원의 한글 맞춤법과 외래어 표기법을 따랐으나 의학용어와 의료계에서 일반적으로 사용하는 줄임말, 은어는 그대로 살렸습니다.

신규 간호사다.

아직도 나는 출근이 두렵다. 일이 능숙하지 못해 실수도 잦다. 하루 종일 혼이 나갈 정도로 탈탈 털리기도 한다. 어느 날에는 옥상에서 뜨거운 눈물을 흘리며, 간절히 빌기도 했다. 제발 일을 잘하고 싶다고.

누구에게나 신규인 시기가 있다. 무슨 일이든 처음부터 잘할 수는 없지만 현실은 녹록지 않다. 특히 병원에서는 사소한 실수도 환자에게 치명적인 상해를 불러일으킬 수 있다. 때문에 간호사들의 사회는 군기가 엄하다. 흔히 태운다고 표현하는데 말 그대로 모든 정신과 육체를 활활 태워버린다는 뜻이다. 또 간호사는 누군가의 삶과 죽음에 굉장히 직접적으로 기여하는 직업이다. 그 압박감과 일분일초를 다투는 긴장감이 상당하다. 그러나 나는 그저 간호사(그중에서도 신규)의 힘듦, 괴로움에 대해 얘기하고 싶은 것이 아니다. 그 너머의 세계, 가치 있는 무언가에 대해 얘기하고 싶다.

퇴사를 고민하는 동기에게 책을 선물했었다. 1년 3개월 정도 일하고 그만둔 그 친구는 고맙게도 훗날 내 책 선물이 가장 진심으로 와닿았다고 말했다. 나는 진심이 많은 사람이고, 부끄럼 없이 잘 드러낸다. 그에게 건넨 책과 밑줄 친 문장들도 하나하나 진심이었다. 언제나 진심은 통하더라.

이 책은 진심 많고, 감성적인 한 간호사의 성장기이다. 신규 간호사로 대학병원 중환자실에서 근무하며 느낀 점과 시행착오를 담았다. 누군가에게는 신규 간호사 생활 그 시절이 그저 잊고 싶은 기억, 덮어두고 싶은 과거일 수도 있다. 그럼에도 내가 이 글을 쓰는 건, "그래도 당신 잘하고 있다"고, "그래도 우리 조금만 버텨보자"고 말하고 싶어서이다. 그 온갖 자괴감, 포기하고 싶은 마음, 하루하루 두려움과 싸우고 있다면 그건 다른 무엇도 아닌 나 자신과의 싸움이다. 헤르만 헤세는 책《데미안》을 통해 말했다.

> 새는 알에서 나오려고 투쟁한다. 알은 새의 세계이다. 태어나려고 하는 자는 한 세계를 깨뜨리지 않으면 안 된다.

이 책은 알에서 나오려고 몸부림치는 스물여섯 살 병아리의 이야기이다. 병아리는 병아리인지라 언니에게 물어봐 같은 통쾌한 조언, 해결책을 제시해 줄 수는 없다. 그저 당신만 힘든 게 아니라고, 당신만 처참한 게 아니라고 어깨 툭툭 작은 위로 건네고 싶은 것이다. 투박하고 서툰 병아리의 글일지라도 진심이라는 무기로 포장하고 싶다. 그 진심이 그대에게도 전달되어 작은 위로와 미소가 되어 주기를 바란다.

차례

Part 2 삶과 죽음의 숨소리

Part 3 행복한 간호사, 그리고 나

Interview

Part 1

신규 간호사 성장일기

누군가는 해야 하는 일

"누구도 그런 일 하고 싶어 하지 않는다.

그럼에도 누군가는 해야 하는 일이다."

나는 오늘도 병원으로 출근한다. 집도 병원 근처라 출근 전부터 사이렌 소리가 귓가를 울린다. 병원에 들어서면 병원 특유의 냄새와 공기가 나를 감싼다. 그리고 엘리베이터를 타고 중환자실로 향한다. 근무복으로 옷을 갈아입고 들어가는 순간 묵직한 공기와 인공호흡기 등의 기계 소리가 출근을 실감케 한다.

중환자실은 집중관리가 필요한 환자들이 모인 곳으로 온갖 기계와 관들이 있고 중증도 높은 치료가 이루어진다. 약 80%가 무의식 환자이기 때문에 무거운 침묵이 흐른다. 보호자도 면회시간 외에는 면회가 불가능하여 그 어느 병동보다 고요하지만 그 어느 곳보다 팽팽한 긴장감이 느껴지기도 한다. 환자의 상태가 안 좋을 때, 죽음과 가까워질 때면 굉장히 많은 약물과 다양한 처치가 필요해진다. 한 근무 내내 그 환자에게만 8시간 이상을 쏟아야 하는 경우도 허다하다. 그럴 경우 간호사도 의사도 환자에게서 눈을 뗄 수가 없다. 밥도, 물도, 심지어 화장실도 남 이야기이다. 그런 노력으로 환자의 상태가 좋아지면 다행이지만 결국 사망하거나 상태를 유지하는 데 그치는 경우가 많다. 눈에 보이는 호전이 드문 만큼 보람을 바라고 할 수 있는 일이 아니다.

일을 하며 가장 힘든 부분 중 하나는 한시도 긴장감을 놓을 수 없다는 것이다. 병원 내에서 심폐소생술이 발생하거나 환자의 상태가 악화되면 중환자실로 오게 된다. 또 기존에 중환자실에 있던 환자들도 워낙 중환이기 때문에 언제든 악화될 가능성이 있다. 매일 출근하면서도 오늘 업무를 전혀 예상할 수 없다는 점, 언제나 긴장하고 있어야 한다는 점이 참 어렵다.

입사 동기인 친구의 이야기를 듣고 눈물이 핑 돌았던 적이 있다. 너무 바쁜 날, 밥도 못 먹고 물 한 잔 제대로 못 마시며 바쁘게 일했던 어느 날이었다. 근무 8시간 내내 바쁘게 일했지만 우리 일은 열 가지 중에 아홉 가지를 잘하더라도 한 가지를 잘못하면 혼나는 일이다. 인계를 주고받는 교대 업무이기 때문에 더 어렵다. 내가 잘못한 일이 있더라도 내 선에서 해결하면 그만인데, 다음 근무자가 뒤처리를 떠맡을 수밖에 없는 환경이다. 바빴다는 건 핑계가 못 되므로 그 친구는 또 혼났다. 그리고 서러운 마음에 격리실로 들어가서 눈물을 훔쳤다.

고결한 희생정신이 있는 직업

중환자실 안에는 따로 격리시설이 있다. 결핵이나 전염성이 큰 균에 감염된 환자를 위한 일인 격리실이다. 격리가운을 입고 들어갔는데 동료 선생님들이 없는 곳이다 보니 참았던 눈물이 주륵 흘렀다고 한다. 그래도 자국이 남을까 싶어 금세 눈물을 쓱 훔치고 있는데 환자분께서 침대 난간을 치면서 친구를 불렀다. 그 분은 폐렴으로 오랜 병원생활을 하시며 기관절개술까지 받으신 상태였다. 기관절개술 때문에 말씀은 못 하시지만 의식이 온전하셔서 종이에 적거나 입 모양으로 의사소통을 하시던 분이셨다. 평소처럼 뭔가 필요하신가 보다 하고 무심코 적어 주신 종이를 확인했다. 그리고 왈칵.

미처 의식하지 못했지만 그 분은 하루 종일 바쁘게 일하던 친구를 지켜보고 계셨었다. 그리고 그 친구가 눈물 훔치는 모습을 보며 위로를 건네고자 하는, 따뜻한 마음을 가지신 분이었다. 메모장에는 이렇게 적혀 있었다고 한다.

"고결한 희생정신이 있는 직업이다.
오늘 너무 수고했다. 고맙다."

그렁그렁한 눈으로 이야기를 전하는 친구를 보며 나 역시 마음이 울컥했다. 친구는 그 분의 손을 꼭 잡고 감사하다고 말했고 기운을 내 일을 잘 마칠 수 있었다고 한다.

누군가에게 듣는 "수고했다", "고맙다"라는 말,

가끔은 그게 참 큰 힘이 된다.

우리는 병원이 '직장'이자 간호가 '일'인 사람들이다. 누군가는 이 일에 희생정신, 봉사정신이라는 말을 붙이는 것이 과분하다고 할지도 모른다. 나 역시 가끔은 그 모든 게 그냥 일처럼 느껴지기도 한다. 하지만 그 따뜻한 환자분의 말처럼 모든 의료행위에는 희생정신이 깃들어 있다. 병원이 환자를 위해 존재하듯, 우리는 환자를 위해 일한다. 의료진뿐만 아니라 병원에서 일하는 모든 사람들이 그렇다. 응급상황에서는 물론이거니와 평소 엘리베이터에서도 환자를 먼저 배려하고 최우선으로 생각한다.

원무과 직원들, 미화원분들, 이송팀원들, 간호조무사분들…….

우리는 모두 환자를 위하는 마음을 지니고 있다.

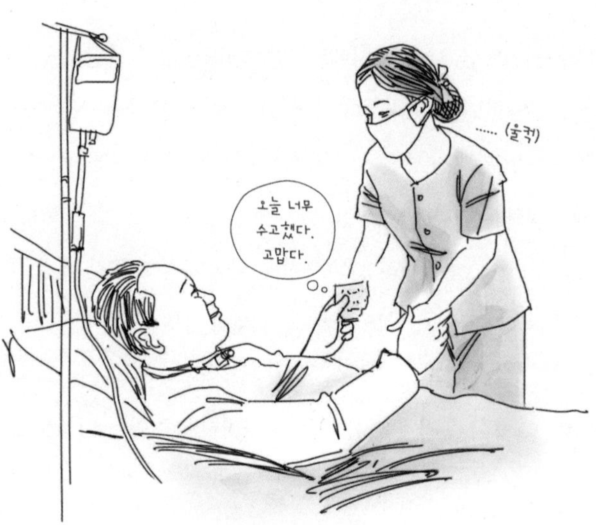

오늘도 나는 "잠시만요~"를 입에 달고 산다. 환자도 많고 일도 많다. 대소변을 치우는 건 기본이고, 의식이 온전하지 않아 폭력적인 사람이나 죽음이 코앞까지 닥쳐온 사람들도 병원에서는 자주 겪는다. 남들이 흔히 말하는 험한 꼴을 매일 같이 본다.

가끔은 이 일이 참 가혹하게 느껴지기도 한다. 그냥 내게도 이곳이 그저 월급 받는 직장이고, 일이었으면 좋겠다. 생명을 다루는 일을 한다는 부담감과 매일 같이 누군가의 죽음과 절망 속에서 일하는 게 벅찬 순간도 많았다. 그 벅참에 엄마께 투정 부리던 날 돌아온 한마디.

"누구도 그런 일 하고 싶어 하지 않는다. 그럼에도 누군가는 해야 하는 일이다."

그렇다. 누군가는 해야 하는 일. 그래서 이 일에 봉사, 희생정신이라는 과분한 단어가 붙는 것이다.

의학드라마를 보면, 모든 처치에도 불구하고 환자가 사망했을 경우 의사가 보호자에게 사망선언을 한다. 그리고 안타깝지만 최선을 다했다고 말한다. 최선을 다했다는 말은 그냥 뱉을 수 있는 말이 아니다. 할 수 있는 모든 노력을 다하였을 때, 그때서야 할 수 있는 말이다.

나는 오늘도 봉사, 희생이라는 과분한 단어들에 부끄럽지 않게 최선을 다하고자 한다. 비록 이 일이 누구도 하고 싶어 하지 않는 일일지라도, 누구도 알아주지 않더라도, 설령 환자의 회복이 불투명할지라도 우리는 늘 그렇듯 최선을 다할 것이다. 그것이 우리가 해야 하는 일이자, 할 수 있는 일이므로.

중환자실 간호사

ICU

intensive care unit

나는 중환자실 간호사다. 출근을 하면 일단 인수인계를 받기 전에 라운딩을 돈다. 환자분에게 인사를 드리며 그 분의 전반적인 상태와 투여 중인 수액과 주사 부위, 인공호흡기나 모니터의 연결 상태 등을 확인한다. 병원마다 다르지만 중환자실은 간호사 한 명당 서너 명씩 담당 환자를 맡는다. 근무 8시간 꼬박 그 환자는 내 담당이고 내 책임이다. 1시간마다 활력징후vital sign를 확인하며 환자를 집중 간호한다. 여러 명의 환자를 동시에 돌봐야 하는 병동에 비해 중환자실은 집중적인 치료와 관리가 필요한 중증도 높은 소수의 환자들이 모여 있는 곳이다.

담당 간호사는 담당 환자에 대해 하나부터 열까지 파악하고 있어야 한다. 어떤 약에 부작용이 있는지, 오늘 피검사 결과와 엑스레이X-ray는 어떤지, 욕창이 있는지, 대변은 어떤 양상으로 보는지까지 다 알고 있어야 한다. 또 대개 무의식 상태이거나 의사소통이 불가능한 경우가 많아 간호사의 세밀한 관찰과 배려가 필요하다.

나는 3차 병원에 근무하며 2015년 10월에 중환자실로 배정받았다. 병원 최종 합격 후 웨이팅 기간이 6개월 있었고, 9월 초에 전화가 왔다. 처음 연락을 받을 때는 10월 입사자라는 것 외에는 근무부서나 다른 안내는 받지 못하였다. 그리고 9월 말 병원 내 강당에서 10월 입사자들이 모두 모였다. 아직은 대학생에 더 가까운, 노란 병아리 같은 신규 간호사들이었다. 그리고 그곳에서 병원에 관한 오리엔테이션을 받고, 근무부서를 배정받았다.

웨이팅 기간 내에도 가장 궁금했던 건 역시 근무부서였다. "수술실… OOO, 응급실… OOO." 이런 식으로 호명되었고, 앞에 나가 근무복을 받았다. 부서 뒤 이름이 불리는 그 짧은 순간, 모두의 긴장감과 집중이 쏟아져 팽팽하게까지 느껴졌다. 그 당시 10월 입사자는 서른 명가량 되었던 걸로 기억한다. 병동, 수술실, 분만실 등 다양한 부서로 배정을 받았고, 각자 지원부서에 따라 희비가 엇갈렸다. 긴장의 순간이 이어졌고 드디어 내 이름이 불렸다.

"중환자실… 노은지."

중환자실이라니. 생각도 못한 부서였다. 애초에 지원부서가 분만실이었으니 어떻게 보면 정반대인 부서였다. 막막한 얼굴로 나가 유니폼을 받고 들어오는데 안쓰럽게 쳐다보는 주변의 시선이 느껴졌다.

병원 내에는 다양한 부서가 있고 각 부서마다 간호사의 역할과 하는 일이 다르다. 일반 병동, 수술실, 응급실, 중환자실, 호스피스 병동 등 굉장히 다양하다. 그리고 중환자실, 수술실, 응급실, 분만실 같은 곳을 특수파트라고 한다. 특수파트는 말 그대로 특수한 상황에 놓인 곳으로 더 전문적인 교육과 부서에 맞는 훈련이 필요하다. 특수파트 중에서도 중환자실, 응급실은 간호사들 사이에서도 힘든 부서로 통하는 곳이다. 입사 동기들의 안쓰럽다는 듯한 시선이 첫 직장생활의 어려움을 실감케 했다.

중환자실 간호사

중환자실 간호사는 똑똑해야 한다. 어쭙잖으면 의사들에게서도 'ICU 간호사가 뭐 이래.'라는 말이 나올 정도로 기대치가 높은 편이다. 환자들의 중증도가 높아서 일반 병동보다 공부해야 할 것도 많고, 더 전문적인 지식이 필요하다. 중환자라도 담당의사가 24시간 상주할 수는 없기에 환자의 상태가 나빠질 경우 기본적인 처치를 한 후 노티의료계에서 일반적으로 사용하는 노티파이(notify)의 줄임말해야 한다. 매 순간 생사를 다루는 만큼 차분하면서도 신속해야 한다. 갑작스럽게 환자가 발작을 일으키거나, 심정지arrest를 일으키더라도 모든 상황에 의연하게 대처해야 한다. 물론 놀랍고 당황스럽겠지만 환자를 가장 우선적으로 살펴야 한다. 간호사가 안절부절못하고 판단이 늦으면 환자에게 직접적인 해가 될 수 있으므로 침착하고 빠른 대처가 필요하다.

일을 배우며 하나부터 열까지 새로운 경험이었지만 처음 사망 환자를 영안실로 보냈던 때가 기억에 남는다. 중환자실에는 심정지 환자나 다양한 원인으로 인해 사망하는 환자들이 많다. 8시간 근무 중에 한두 번, 하루에도 몇 번씩 누군가는 그곳에서 생을 마감한다. 환자가 사망하고 영안실에 내려가기 전 간호사는 그 신체에 삽입했던 모든 관을 제거하고, 마지막으로 환자를 깨끗하게 정리해야 한다. 그리고는 새하얀 시트로 환자를 머리부터 발끝까지 덮고, 고이 싸서 영안실로 내려보낸다.

처음 환자를 보낼 때는 얼굴 마주치는 것도 쉽지 않았다. 어제는 이야기를 나누고, 인사했던 분이 오늘은 싸늘하게 식어 있는 모습을 보는 것은 안타깝다 못해 충격적이었다. 그래서 머뭇거리며 사망한 환자의 얼굴 위로 시트를 덮지 못하고 있는데 한 선생님께서 시트를 잘 덮는 법을 알려 주셨다. 마지막 가는 길에 정성을 다해야 한다며 직접 환자를 잘 싸는 법을 알려 주셨고, 그걸 배우면서 중환자실 간호사는 이런 일까지 하는 구나 하는 생각이 들었다. 그러나 애도의 시간은 길지 않다. 병원은 늘 환자가 많고, 중환자실은 비어 있는 날이 없다. 환자가 사망하고 침대를 정리한 지 십 분도 되지 않아 응급실에서는 환자를 올리겠다고 전화가 온다. 그리고 금세 새로운 환자가 침대를 채운다. 그렇게 사망한 환자를 보내는 일마저 빠르게 처리해야 하는 일이 되어버리고 만다.

누군가 늘 그곳에서 생을 마감하면서 중환자실에는 보호자들의 통곡 소리가 끊이지 않는다. 그 서러운 울음소리에 나도 몇 번이고 울컥한 마음이 들었다. 정이 든 환자를 보낼 때는 뒤에서 몰래 눈물을 훔치기도 하였다. 지나치게 감정이입이 되면 일을 하기가 힘들어서 나중에는 일부러 거리를 두기도 하였다. 그럼에도 유독 참지 못하게 버거운 날과 가슴을 파고드는 울음소리가 있었다.

중환자실 간호사 중에 5년 차가 넘어서 일을 능숙하게 잘하지만 마음은 여린 한 선생님이 있었다. 그리고 그분의 담당 환자 중 할머니가 계셨는데 선생님의 이름을 손녀 부르듯이 내내 부르고는 하였다. 의식이 왔다 갔다 하면서 할머니는 그 간호사 선생님이 없을 때도 선생님의 이름을 크게 부르고는 했다. 처음에는 다들 놀랬지만 나중에는 익숙해져서 그냥 흐뭇하게 웃어넘겼다. 그 선생님도 환자분께 꼬박꼬박 인사드리고 정겹게 얘길 나누고는 했다. 그러던 어느 날 할머니는 갑작스럽게 사망하고 마셨다. 짧은 애도와 함께 여느 때처럼 빠른 손놀림으로 환자분을 정리하는데 옆에서 터진 울음소리가 들렸다. 할머니가 늘 이름을 부르던 그 선생님이었다. 이제는 더 이상 선생님을 찾지 않는 환자분을 정리하면서 그 분은 참지 못하고 눈물을 터뜨리고 만 것이다. 함께 정리하던 이들 모두 멈칫하였고, 분주한 손길을 멈추고 선생님을 위로하였다.

금세 눈물 슥 닦고 일터로 돌아가긴 했지만 나는 그 분의 터져버린 눈물에서 여린 진심을 보았다. 숨길 수 없이 드러난 그 분의 여린 마음을 보았다. 나는 누군가를 떠나보내는 일이 처음인 내게만 버거운 줄 알았다. 그런데 유능하고 익숙한 그 분에게도 떠나보냄은 참지 못할 버거움이었다.

예전에 어느 강연에서 호스피스 병동에 들어가면서 "안녕하세요" 하고 크게 인사했다가 "여기 안녕한 사람이 어딨어!"라고 면박을 들었다는 얘기를 들은 적 있다. 우스갯소리로 과장된 이야기일 수 있지만 그만큼 병원에서는 행동 하나하나가 다 조심스럽다. 실제로 나도 보호자 면회 시간에 간호사가 표정이 너무 밝다는 이유로 싫은 소리를 들은 적이 있다. 내 소중한 누군가는 죽기 직전인데 옆에서는 밝은 표정을 하고 있으니 화가 나셨던 것 같다. 그만큼 보호자도 환자도 사소한 것 하나하나에 예민해지고 만다.

누구에게나 중환자실은 경험하고 싶지 않은 곳이고, 빨리 벗어나고 싶은 곳이다. 지켜보는 간호사도 좋아졌다는 얘기를 해 줄 수 있으면 좋겠지만 무거운 얘기를 꺼내야 할 때가 더 많다. 누군가의 기쁨이 아닌 슬픔에 매 순간 함께 한다는 건 쉬운 일은 아니었다. 또 슬픔에 공감해 주고자 할 때 진심이 없으면 그 위로는 더 보잘것없이 느껴진다. 그만큼 나도 무겁게 짊어져야 하는 것이었다.

중환자실 간호사는 생사를 다루는 순간이 많으므로 일이 딱딱 손발이 잘 맞아야 한다. 그래서 눈치가 빠르고 행동이 빨라야 한다. CPR cardiopulmonary resuscitation, 심폐소생술 상황에서 걸어 다니는 건 있을 수 없는 일이다. 그리고 그것보다도 더 중요한 건 마지막을 함께하는 사람으로서 진중함과 책임감이 필요하다고 느꼈다. 누군가의 마지막 순간까지 함께하고, 직접적으로 기여하며 보람을 느낄 때가 있다. 분명 무겁고, 슬픔을 함께 짊어지며 종종 버겁기도 하지만 그만큼 의미 있는 일이다.

보내드리다

삶이 최선일 수 없는 그 순간에,

우리는 보내드림으로써 최선을 다해야 한다.

가장 특별하면서도 흔한 경험

살아가며 홍건한 피와 흠칫할 정도로 큰 상처, 누군가의 죽음을 볼 일은 굉장히 드물다. 사실 병원이라는 특수 환경 내에서도 드문 편이다. 부서가 다양하다 보니 임종과는 거리가 먼 곳도 많다. 그리고 애초에 나는 분만실을 지원했었다. 병원에서 그나마 탄생이라는 축복이 있는 곳이기 때문이다. 그래서 더욱 해결되지 않는 무거움은, 죽음의 그림자가 너무나도 가깝게 느껴지는 많은 순간들이다. 처음에 중환자실에서 일을 하며 가장 적응이 되지 않는 것도 그것이었고, 여러 번 겪어도 결코 익숙해지지 않는 것이 누군가의 죽음이다.

간호사, 의료인은 삶과 죽음이라는 가장 원초적인 욕구에 직접적으로 관여하는 사람이다. 죽어 가는 혹은 이미 생을 달리한 마지막 순간까지 옆을 지키고, 돌봐 주어야 한다. 완전한 어둠이 한 사람을 삼켜가는 그 모습을, 바로 옆에서 지켜봐 주어야 하는 사람이다.

보내드리다

고등학교 2학년, 간호학과 진학을 고민하는 지인분의 아들이 진로상담을 부탁했다. 나름대로 질문거리를 생각해서 리스트까지 작성해왔다. 태도는 한껏 진지했지만 숨길 수 없이 순진한 눈으로 물었다.

"중환자실에서 일하신다고 들었는데 처음 환자의 죽음을 봤을 때 심정이 어떠셨나요? 기억나시나요?"

"네, 생생히 기억나요. 근데 죽음을 봤을 때가 아니에요. 죽어 가는 걸 보는 거였죠."

"헉."

너무 적나라한 답변이었나. 순진한 눈동자가 흔들렸다. 나는 차분한 목소리로 내가 처음으로 보내드렸던 환자분의 이야기를 해 주었다.

그 환자분은 육십 대로, 폐암 말기셨다. 연세가 많은 분은 아니었지만 본인이 직접 DNR 서류를 이미 다 작성하신 상태였다. 'Do Not Resuscitation', 흔히 DNR이라고 하며 심폐소생술 거부를 의미한다. DNR도 범위가 다양하다. 굵직하게는 기관 삽관 등의 침습적 치료를 할 것이냐, 심정지 시 심장마사지를 할 것이냐 등으로 나뉜다. 환자분은 삽관과 심장마사지 모두 거부하신 상태였다.

이브닝 근무로 오후 2시에 출근해 일을 시작했다. 처음 본 그는 숨을 몰아쉬며 약간 힘들어하는 것 말고는 특별할 게 없는 환자분이었다. 가벼운 대화도 나누었고, 지남력 사정을 위한 질문에도 말끔하게 대답해 주셨다. 그리고 오후 5시, 그는 숨이 차서 안절부절 어쩔 줄 몰라 하였다. 헛소리도 하고 이미 의식도 온전하지 않았다. 앉았다가 일어났다가, 침대 밖으로 나가려고도 하여 억제대까지 적용해야 했다. 억제대에 팔이 묶여 있으면서도 그는 온몸으로 발버둥을 치고 있었다. 출근 때 보았던 말쑥한 신사분은 이미 온데간데없었고, 죽음의 그림자 앞에 아등바등하고 있는 불안한 영혼만 있을 뿐이었다.

중환자실 환자는 24시간 내내 모니터링이 이루어진다. 몇 시간, 몇 분 단위로 변화가 나타나기 때문에 혈압, 맥박, 산소포화도, 심전도를 1시간마다 확인해야 한다. 산소포화도는 95%에서 100%가 정상이다. 그런데 환자분은 이미 최고 농도의 산소가 투여되고 있음에도 80% 대를 왔다 갔다 하고 있었다. 산소포화도가 기준치보다 낮을 경우 몸에 이산화탄소가 쌓이고 정신도 혼미해진다. 그 상황에서는 기관 삽관만이 해결책이었다. 그게 아니면 환자분은 숨이 차서, 숨이 막혀 돌아가실 게 분명했다. 하지만 본인의 의지로 치료를 거부한 상태였고, 의사도 나도 더 이상 해 줄 수 있는 것이 없었다.

해 줄 수 있는 것이 없다.

의료진은 종종 그 벽에 부딪힌다.

무기력하게 들리지만 최후의 선고이자 피할 수 없는 진실이다. 사람의 힘,

의학의 힘으로는 어쩔 수 없는 일이 당연히, 언제나 있는 것이다.

차라리 몸이 부서지는 것 같이 바빠도 최선을 다할 수 있을 때가 더 좋다. 죽어 가는 이 앞에서 그저 지켜봐 주는 일밖에 할 수 없을 때면 마음이 복잡하고도 괴로웠다. 고통을 덜어드리기 위해 진통제는 줄 수 있지만 그는 온몸으로 발버둥치며 괴로워하고 있었다. 나는 서서히 질식해가는 환자 옆에서 지켜봐 주는 것, 손 잡아주는 것 외엔 해 줄 수 있는 것이 없었다.

그리고 오후 9시, 환자는 완전한 어둠으로 떠났다. 모니터에 위협적으로 깜빡이던 수치들은 죽음의 임박을 알렸고, 나는 주치의와 보호자에게 연락하였다. 사후처리는 신속하게 진행되었다. 이미 예정된, 각오하고 있던 죽음이었기에 보호자도 크게 울지 않았다. 차분한 태도로 복잡한 서류 처리와 절차에 묵묵히 협조했다. 하지만 나는 울 수밖에 없었다. 그는 단순히 오늘 내가 처음 본 사람, 그저 담당 환자가 아니었다. 내가 처음으로 죽음 코앞까지 함께해야 했던, 죽음을 지켜봐야 했던 사람이었다.

잘 보내드리는 것도 하나의 치료이고, 본인의 선택을 존중해야 함을 머리로는 알고 있다. 하지만 억지로라도 붙들고 싶을 만큼 그 어둠은 강력하고 두려웠다.

어느 책에서 읽었던 이야기이다. 암 말기 환자인 어머니와 간호사인 딸이 있었다. 어머니는 오랜 병치레로 지쳐 심폐소생술 거부의사를 가족들에게 분명히 한 상태였다. 그렇게 집에서 요양만 하고 있는데 문제는 집에 의료진이 있다는 것이었다. 어느 날 집에서 심정지가 왔고, 간호사인 딸은 그 모습을 보며 심폐소생술을 하지 않을 수 없었다.

내 어머니가 죽어 가는데, 나는 어떻게 해야 하는지를 너무 잘 아는데……

어떻게 살리지 않을 수 있을까. 응급실에서 의식이 깬 어머니는 다시 병원에 온 것을 원망하였고 자신을 그만 보내달라고 했다. 그렇게 며칠 후 퇴원하여 집에 계시다가 또 다시 심정지가 왔다. 그리고 그 순간에 또 다시 간호사인 딸이 옆에 있었다. 그리고 어머니는 다시 살아서 병원에 오게 되었다.

나는 그 이야기를 들으며 간호사인 딸에게 감정이입이 됐다. 딸이라고 어머니의 괴로움을 어찌 몰랐겠는가. 다만 그 간호사도 사람이기에 죽음 앞에서, 내 사랑하는 사람을 앗아가는 그 모습 앞에서는 어쩔 수 없었던 것이다.

모든 의료진은 환자의 삶과 생존을 위해 최선을 다한다. 그러나 어느 순간에는 삶만이 최선이 아닌 순간이 온다. 요새는 의학드라마나 정보가 많아 일반인들도 인지하고 있는 경우가 많다. 미리 본인이 지갑이나 신분증에 메모해 놓거나 지인들에게 의사를 전달해 놓는 방법이 있다. 그렇지 않을 경우 대개 보호자가 결정하게 된다. 더 이상의 치료가 가망 없이 환자에게 괴로움만 더할 때 선택하게 된다. 그리고 개인적으로는 찬성하는 바이다. 잘 보내드리는 것도 삶의 일부이자 마지막 의무라고 생각한다.

삶이 최선일 수 없는 그 순간에, 우리는 보내드림으로써 최선을 다해야 한다. 누군가를 보내드리는 일, 죽음과 정면으로 마주하는 일에는 용기가 필요하다. 사람은 누구나 죽고, 우리는 소중한 누군가를 그렇게 보내줘야 할 때가 온다. 정말로 쉽지 않지만, 큰 용기와 괴로움이 따르지만 사랑하는 이이므로. 우리는 그렇게 마지막까지 최선을 다해야 할 것이다.

공부해, 신규!

간호사는 똑똑해야 한다.

첫 입사 후 병원 자체 신규 간호사 교육이 있었다. 입사 동기들과 함께 받았고 기본 개념과 술기, 병원 이념 등 다양한 프로그램으로 이루어졌다. 교육은 사흘 동안 진행되었고, 8시간 넘게 매일 교육을 받으니 끝날 때쯤은 머리가 멍했다. 해 질 녘 교육이 끝나고, 터덜터덜 기숙사로 향하던 그땐 나름 그것도 힘들다고 생각했다. 하지만 조금 지나고 보니 그때가 다시는 없을 행복한 시간이었다. 그렇게 앉아서 교육만! 그것도 동기들과 함께! 남이 떠먹여 주는 공부는 딱 거기까지였다. 그땐 미처 몰랐다. 내가 모르는 게 얼마나 많고, 앞으로 해야 할 공부의 바다가 얼마나 광대한지.

트레이닝을 받고, 독립해서 환자를 보기 전까지는 집중 공부 시간이다. 그

때는 뒤에서 지켜봐 주는 프리셉터 선생님도 계시니 숙제 겸 공부를 더 열심히 하게 된다. 나도 트레이닝을 받을 때 만든 공부 노트가 A4 크기 백 장 분량 스프링 노트로 두 권이었다. 하도 오리고 붙이고, 들춰서 너덜너덜해진 내 공부노트. 무겁지만 지금도 매일 같이 들고 다니는, 이제는 내 분신 같은 녀석들이다.

만화 원작이자 드라마로, 많은 직장인들의 공감과 사랑을 받은 〈미생〉에는 아래와 같은 대사가 나온다.

> '최선'은 학교 다닐 때나 대우받는 거고, 직장은 '결과'만 대접받는 데다.

그렇다. 우리는 더 이상 학생 간호사도 아니고, 교육생도 아니다. 어엿하게 월급 받고 일하는 직장인으로서 한 사람의 몫을 해내야 한다. 그러려면 일단 신규 간호사는 졸음과 싸우고, 피곤과 싸우고, 무엇보다 무지와 싸워야 한다.

하루는 데이 근무를 하며 약물을 재고 있는데 윗선생님 한 분이 옆에 다가와 AST After skin test 약물에 대해 물어보셨다. AST쯤이야 싶어 처음에는 대답을 했는데 선생님의 질문은 점점 나를 파고들었다. 적응증과 시행하지 않는 약물과 이유, 의양성 시 대처방법 등 하나하나 물어보셨고 나는 점점 머리가 멍해졌다. 갑작스런 질문 공격에 당황하기도 했고, 실제로 제대로 알지 못하기도 했다. 그래서 꿀 먹은 벙어리마냥 입을 꾹 다문 채 얼굴만 새빨개졌다. 그렇게 나는 AST도 모르는 무식한 애로 소문이 났고, 다음 날까지 완벽하게 공부해 오라는 미션을 받았다. 그런데 그 날은 하필 병동 전체 회식이 있는 날이었다. 신규 간호사인 나는 당연히 빠질 수 없는 자리였고, 근무가 끝나고 바로 회식자리로 갔다. 회식 자리에 있으면서도 머릿속에는 온통 AST 생각뿐이었다. 다음 날 새벽 5시까지 일어나고, 공부도 해 가려면 시간이 너무 부족했다. 그렇다고 회식에서 신규가 먼저 집에 갈 수도 없는 노릇. 초조함에 시계만 계속 쳐다봤다.

그 날 병동 회식은 유독 분위기가 좋았다. 평소 술을 못하는 나도 분위기따라 술을 무리하게 많이 마셨고, 장기자랑도 했다. 회식이 끝나고 기숙사로 돌아오니 10시 조금 넘은 시간이었다. 이미 굉장히 해롱해롱한 상태였지만 내 머릿속에는 미처 해결하지 못한 AST 공부가 남아 있었다. 그래서 내 몸이 아닌 몸과 정신을 붙들고 힘겹게 책상 앞에 앉았다. 술을 깨려고 물을 마시고, 졸지 않으려고 계속 끄적거리면서 1, 2시간 공부를 했다. 결국 절박함이 지친 뇌를 이겼고 치열한 공부를 마친 후 나는 쓰러지듯 잠을 청할 수 있었다. 그리고 다음 날 떨리는 마음으로 출근을 했고, 내게 미션을 주셨던 선생님은 사실 그날 근무조차 아니셨다. 안심 반, 허탈함 반이었지만 그 분 덕분에 제대로 공부를 할 수 있어서 감사한 마음이 들었다.

그 일이 있고도 한참 동안 나는 그 선생님 얼굴만 보면 AST 생각밖에 떠오르지 않았다. 옆으로 지나가기만 하셔도 혹시 질문하시지는 않을까 바짝 긴장하며 속으로 공부한 걸 줄줄 외워보기도 했다. 물론 선생님은 나를 신경도 쓰지 않으셨다.

지나고 생각해 보면 작은 에피소드에 불과하지만 당시엔 참 절박했다. 실제로 신규 간호사 시기 내내 (누구나 그렇지만) 그 어느 때보다 공부를 열심히 했었다. 퇴근 후에 병원에 남아서 나머지 공부를 하고, 출근 전 공부하느라 시간이 부족해 밥도 못 먹고 출근하기 일쑤였다. 쉬는 날도 노는 날이 아니라 그저 좀 더 여유 있게 공부하는 날이었다. 대학교 시험 기간 때처럼 성인간호학, 중환자 간호 책을 들고 도서관에 가서 공부를 했다. 좀 더 여유를 부릴 때는 동기들과 카페에 모여 공부하고는 했다.

그렇게 계속 공부를 하는 것 같은 데도 나는 종종 나의 무지와 부족함에 부딪혀야만 했다. 부끄럽고 속상했던 적이 한두 번이 아니었다. 간호사 일을 하면서 들었던 생각은 내가 안다고 생각했던 것이 진짜 아는 게 아니라는 것이었다. 하나부터 열까지 제대로 알아야 아는 것이고, 정확하게 알아야 아는 것이었다. 특히 처음 일할 때는 '이게 맞겠지?' '이렇게 해도 되겠지?' 하는 확신 없는 행동은 하지 말아야 한다. 작은 안심과 '설마'가 의료사고로 얼마든지 이어질 수 있으므로 귀찮을 정도로 묻고 또 물어야 한다. 그리고 무조건 공부를 열심히 해야 한다.

사실 나의 부족함을 느끼는 건 신규 때뿐만 아니라 일을 하면서 꾸준히 드는 감정이었다. 처음 입사 때보다는 낫지만 여전히 모르는 게 많고, 공부할 것이 많다. 아니 깊이 있게 들어갈수록 오히려 더 부족한 느낌이다. 그렇게 작아짐과 좌절을 반복할 수밖에 없다고 느꼈다. 그리고 앞서 나온 미생의 또 다른 명대사가 마음에 와닿았다.

> 인생은 끊임없는 반복, 반복에 지치지 않는 자가 성취한다.

처음 입사하면서 했던 다짐 중 하나는 친절 간호사가 되겠다는 것이었다. 친절 간호사는 환자나 보호자의 추천으로 되는 것이고, 병동 내부에서 추천하기도 한다. 처음에는 막연히 환자나 보호자에게 상냥하고 다정하게 응대하면 될 줄 알았다. 그런데 막상 일해 보니 친절함도 지식이 바탕이 되어야 한다는 생각이 들었다. 마냥 친절하기만 한 간호사는 단순 서비스직에 지나지 않는다. 그러나 환자나 보호자가 기본적으로 간호사에게 바라는 건 의료인다운 전문적인 모습이었다. 물론 현대사회는 의료행위에도 친절함, 서비스 정신이 크게 요구되지만 기본적으로 의료인은 의료인다워야 한다. 상냥한 태도도 중요하지만 무엇보다 신뢰감을 주는 간호사가 되는 게 더 중요하다고 느꼈다.

간호사는 똑똑해야 한다. 물론 의료행위는 의사가 주도한다. 간호사는 그 의사의 지휘에 따라 의료행위를 행한다. 그러나 단순한 상하관계가 아닌 협력관계이다. 응급상황에서 의사의 결정, 지휘만을 마냥 기다리다간 환자가 안 좋아질 수 있다. 우리가 할 수 있는 선에서 기본적인 처치는 하고 노티를 해야 한다. 또한 의사도 사람인지라 실수하거나 빠뜨리는 부분도 예리하게 집어줄 수 있어야 한다. 일반인들이나 매체에 비쳐지는 간호사는 완벽한 객체이다. 하지만 내가 봐온 많은 간호사 선생님들은 주체이자, 자기 소리를 낼 줄 알고 의사와는 다른 눈으로 환자를 바라볼 줄 아는 의료인이었다.

의료인이 의료인답고, 간호사가 간호사다우려면 전문 지식을 필수적으로 갖추어야 한다. 속된 말로 머릿속에 든 게 많아야 한다. 매일매일 부족하고, 우리의 공부는 끝이 없겠지만 그 지겨운 좌절과 배움을 꾸준히 반복해야 할 것이다.

버티기가 필요해

우리는 뭐가 그렇게 힘들고 버거웠던 걸까?

어제의 나보다는 오늘의 내가 분명 더 성장해 있다.

우리는 그렇게 조금씩 나아지고, 나아가고 있다.

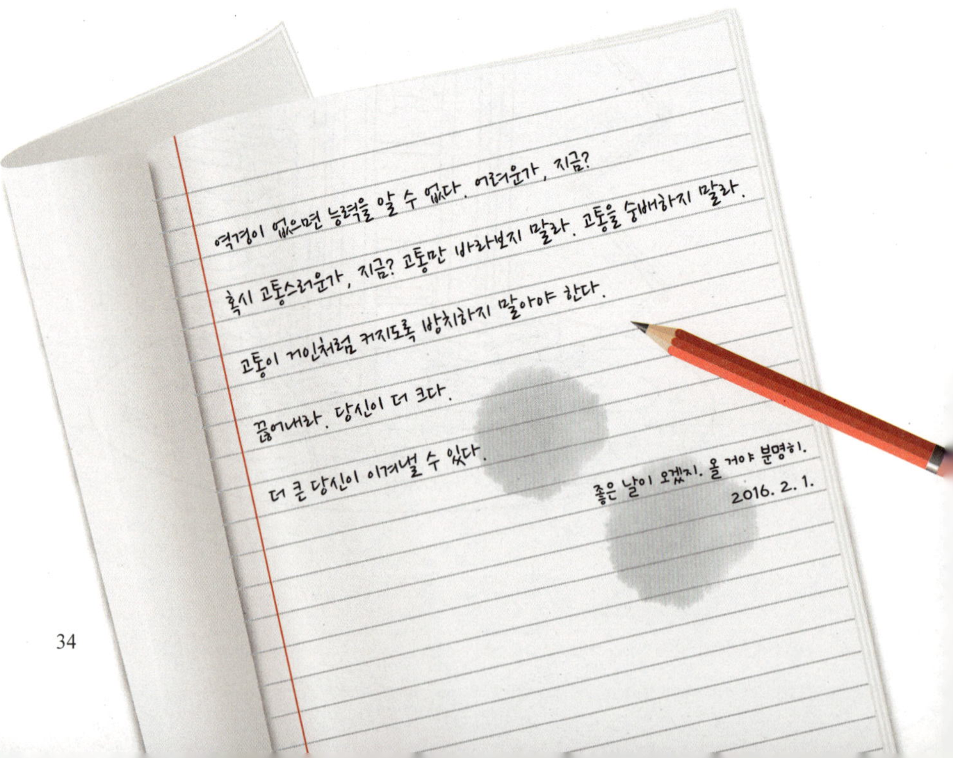

꾹꾹 눌러쓴 글씨와 눈물 자국이 남은 일기장. 그 안에 담긴 한 글자 한 글자 모두 진심이 담긴 고민과 괴로움이었다. 내가 이곳에서 버틸 수 있을까? 버텨야 하는 이유는 무엇일까? 매일매일 위로가 필요했다. 입사 후 첫 1년 반 가까이까지 나는, 우리는 뭐가 그렇게 힘들고 버거웠던 걸까?

첫 직장, 병원은 두려움 투성이였다. 누구 하나 따뜻하게 대해 주지 않았고 그럴 여유조차 없는 곳이었다. 하루에도 몇 번씩 삶과 죽음이 오갔고, 그 순간마다 치열한 의료진의 사투가 있었다. 어떤 상황이 벌어지더라도 당황하지 않고 빠르게 판단하고 태연하게 대처하는 자세가 환자의 예후를 좌우한다. 그 현장에서 아직 능숙한 의료진이 아닌 나는 안절부절못하고, 수시로 놀라고, 시키는 일이나 겨우 하는 신규 간호사일 뿐이었다.

하루빨리 일을 잘하고 싶었다. 그 치열함 속에서 도움이 될 수 있는 능력을 갖추고 싶었다. 하지만 나는 부족했다. 매일매일 배우고 공부해도, 알아야 할 것들은 끝도 없이 많았다. 모르는 게 많아 "선생님, 죄송한데 뭐 하나만 여쭤봐도 될까요?"라는 말을 입에 달고 살았다. 그러니 밥도 눈칫밥, 눈에 거슬리지 않게 말과 행동도 조심조심, 가끔은 존재만으로도 눈치가 보였다.

하지만 역시 몸 힘든 것보다 더 힘든 건 마음인 법. 출근하기 전이면 왜 그렇게 긴장되고 무서운지. 마음을 다잡기 위해 명상까지 하고 출근길 턱마다 심호흡은 기본이었다. 또 나도 모르게 눈물이 주룩주룩 흘러 울다가 출근한 적도 많았다. 나뿐만 아니라 내 동기들도 마찬가지였다. 얼굴이 유독 부은 날은 아, 울다가 출근했구나 하고 서로 말없이 쓰담쓰담 해 주고는 하였다. 지금 돌아봐도 눈물의 뚜렷한 이유는 잘 모르겠다. 그저 엄청난 압박감, 불안감에 몸이 무의식적으로 보인 반응이 아닐까 싶다.

당시에는 나만의 출근길 의식이 있었다. 우리 병원 정문에는 푸른 소나무가 우직하니 서 있는데 그 소나무를 쓰다듬으며 "오늘도 잘하고 올게!" 하고 혼잣말하는 것이었다. 듬직한 소나무가 무사히 일을 잘하게 해달라는 내 소원을 들어줄 것만 같았다. 그러고도 떨리는 마음이 가라앉지 않아 중환자실에 들어가기 전 탈의실에서 한 번 더 마음을 다잡았다. 공부 노트 맨 앞에 적어둔 아래의 글귀를 차분히 읽고 심호흡 크게 한 번 하고서야 씩씩하게 발을 내딛을 수 있었다.

밖을 나갈 때마다 턱을 안으로 당기고, 머리를 꼿꼿이 세운 다음 숨을 크게 들이마셔라. 햇살을 바라보며 친구를 미소로 맞고, 악수를 나눌 때마다 정성을 다해라.
오해받을까 봐 두려워 말고, 적에 대해서 생각하느라 단 1분 1초도 허비하지 말라. 무엇을 하고 싶은가에 대해 마음속에 확실히 심어두어라. 그리고 나서 옆길로 새지 말고 목표를 향해 곧장 전진하라.
당신이 하고 싶은 위대하고 찬란한 일에 대해 생각하라. 그러면 시간이 흐름에 따라 당신도 모르는 사이에 원하는 것을 이루는 데에 필요한 기회를 잡고 있음을 발견할 것이다.
마음속에 당신이 되고 싶어 하는, 유능하고 정직한 쓸모 있는 사람을 그려보라. 그러면 당신이 품고 있는 그러한 생각이 시간이 흐름에 따라 당신으로 하여금 바로 그런 인물이 되게 해 줄 것이다.
생각이란 아주 중요한 것이다. 올바른 정신 자세를 갖도록 하자. 용기, 정직, 명랑한 정신 자세를 가져라. 올바르게 생각하는 것은 창조하는 것이다.
모든 것은 욕망으로부터 얻어지며, 모든 진지한 기도는 응답된다. 우리는 우리가 마음먹은 그대로 된다. 우리 인간은 미완성의 신들이다.

엘버트 허바드

일기장에는 매일매일 그 날 느낀 점과 개선하고 싶은 점들을 썼고, "나는 잘 할 수 있다", "이 시간도 결국 지나갈 거야" 하고 끊임없이 마음을 다잡고는 했다.

그 당시 내게 병원은 그저 돈 받고 일하는 직장이 아니었다. 출근이 싫은 수준이 아니라 삶의 일부로 받아들이기에는 무섭고 두렵기까지 했다. 어마어마한 공부와 두려운 인간관계, 생명을 다룬다는 막심한 책임감까지. 그 모든 게 너무 벅찬 과제였고, 내 모든 걸 쏟아부어도 빛이 보이지 않는 무겁고 큰 벽이었다. 그리고 그 벽 앞에서 보이지 않는 빛을 좇으며 보내는 하루하루는 분명히 어둡고 힘들었다.

《간호사라서 다행이야》라는 김리연 작가의 책에는 이런 말이 나온다.

> 그 때는 그 검고 어두운 터널이 영원히 끝나지 않을 것만 같았다. 병원 내 인생의 일부일 뿐이고 신규의 시간도 언젠가는 지나가기 마련인데, 당시엔 그런 생각을 하지 못했다. 살면서 어느 국면에는 분명히 하루하루 버티는 기술이 필요하다.
>
> 김리연, 《간호사라서 다행이야》 중

취미 찾기, 병원 일 잊어버리기 다 좋은 조언이다. 그 조언들로 상황이 괜찮아진다면 다행이겠지만 쉽지 않음을 안다. 차라리 삶에서 어느 시기는 그냥 꾹 참고 버티기가 필요함을 인정하는 것이 도움이 되었다.

결국 일은 일이고 언젠가는 익숙해지기 마련이다. 사람 관계도 좋아질 수 있다. 당신이 지금 힘든 건 그저 버티기가 필요한 시기이기 때문이다. 당신이 부족해서도, 당신이 유독 느려서도 아니다. 그저 우리는 어둠 속에서 아침을 기다리며 버티기를 하고 있을 뿐이다.

눈물의 징검다리

아직 모르는 것도 많고, 온전히 한 사람의 몫을 다 해내지 못하는 신규 간호사에게 눈물의 징검다리는 피할 수 없는 코스이다. 물론 우리의 서투름이, 부족함이 누구 하나의 잘못만은 아니다. 처음이고 신규이기 때문에 당연하고 어쩔 수 없는 부분이다. 하지만 치열한 일터에서 그 사실은 어떤 방패도 될 수 없으므로 우리는 무수히 깨지고 눈물 흘리게 된다.

나도 일을 하며 몇 번이고 내 한계에 부딪히곤 했다. 더 잘하고 싶은데 아직 내 시야로는 그만큼 보이지가 않았고, 모든 최선을 쏟아도 능력 밖의 일이 언제나 존재했다. 최선을 다하지 않은 게 아니었다. 그저 내 최선의 여부와 관계없이 나는 아직 부족했던 것이다.

일이 부족하다 보니 혼나는 일도 잦다. 그나마 일로 혼나는 건 납득이 된다. 하지만 가끔은 인신공격에 가까운 태움폭언과 괴롭힘을 뜻하는 간호사들의 은어도 당한다. 나는 심하게 겪어보지는 않았지만 주변에서 많이 주워들을 수 있었다. 부모님을 언급하며 혼낸다든지, 손찌검을 한다든지, 대놓고 왕따를 시킨다든지 저건 아닌데 싶은 일이 제법 많았다. 내가 아는 한 언니는 모두 앞에서 큰소리로 혼나던 중 환자 침대 옆에 있던 물티슈가 얼굴로 날아왔고, 그 날로 사직을 결심했다고 한다.

간호사의 태움 문화는 각종 매체를 통해 외부에도 비교적 알려진 편이지만 안타깝게도 임상에서 그 문화는 여전히 사라지지 않고 있다. 생명을 다루는 직업인 만큼 미연에 사고를 방지하기 위해 '정신 차리고 일을 잘 하자!'라는 의도이기는 하지만 그 거친 말과 행동에 상처받는 이가 분명 생긴다. 태움 당한 이의 정신적 피해를 생각하면 그 의도가 무엇이든 용인되기 어렵다. 일을 넘어서는 정도의 태움은 분명 바꿔야 할 문화 중 하나이다. 나도 임상에서 일하고 있지만 그 문화가 사실 어느 한 개인의 문제라고 보기는 어렵다고 느꼈다. 고된 업무와 압박감, 교대근무의 특성상 인계를 주고받고 누군가 빠지면 근무가 엉망이 되는 등의 체계가 주된 원인일 것이라고 생각한다.

나는 2년 가까이 일을 하며 딱 세 번 울어봤다. 물론 일하다가 운 적 말이다. 사실 직장에서, 일터에서 눈물 흘리기란 쉽지 않다. 그만큼 눈물을 참을 수가 없었다. 너무 크게 혼나서, 큰 실수를 해서, 나 자신이 한심하고 미워서 등등 이유가 무엇이든 신규의 눈물은 참 피할 수가 없다.

독립 후 얼마 되지 않아 밤 근무를 하던 때였다. 밤 근무는 밤을 새서 일하는 것만으로도 힘들지만 기본 업무도 가장 많다. 한참 바삐 일하던 중 새벽 3시쯤 병동에서 환자 상태가 안 좋아져 전실을 오겠다는 연락이 왔다. 그리고 환자는 중환자실에 도착한 지 얼마 지나지 않아 심정지가 왔다. 곧바로 심폐소생술이 이어졌고, 겨우 돌아오긴 했지만 30분도 채 되지 않아 다시 심정지가 왔다. 그렇게 몇 번의 소생과 심정지가 반복됐고, 그 사이 무수히 많은 처치가 이루어졌다. 환자를 살리기 위해 이리저리 뛰어다니는 사이 금세 아침 해가 밝았다.

당시 일이 더뎠던 나는 기본적인 업무조차 마무리하지 못한 상태였다. 그리고 심정지 환자를 받았고, 그 후 모든 일은 거의 스톱되어버리고 말았다. 환자가 그 사람 한 명도 아니고, 다른 환자들도 있다 보니 일이 매우 밀렸다. 게다가 인계도 무섭고 연차가 높은 윗선생님께 드리는 것이었다. 일도 마무리 못했으니 인계 준비는 당연히 하지도 못했다. 그리고 다음 근무 선생님이 출근을 하셨고, 결국 난 그날 엄청나게 깨졌다.

인계 중에 선생님의 무서운 질문은 계속 날아왔다. 하나하나 걸리지 않는 게 없었다. 거의 혼나면서 인계를 드렸다. 결국 매우 화가 난 선생님은 인계를 듣다 마셨고, 차트는 바닥에 내팽개쳐졌다. 크게 혼나고 무안을 당하면서도 변명의 여지가 없었다. 내가 부족한 게 맞고, 내가 잘못한 게 맞았다. 눈물이 그렁그렁해서 말을 잇기가 힘들었다. 결국 남아서 1시간 넘게 나머지 일을 처리하면서 뒤에 가서 눈물을 훔쳤다. 마스크로 얼굴을 가리고, 심기가 불편해진 그 분 눈에 거슬리지 않게 행동도 조심조심하였다. 당시 밤을 샌 후였지만 피곤하거나 졸렸던 건 기억도 나지 않는다. 그저 눈물 참으려고 입술 꽉 깨물고 떨리는 목소리 다잡던 것밖에 기억이 나지 않는다.

그 밤새 나는 내 나름대로 최선을 다했다. 하지만 상태가 좋지 않은 환자를 받으면서 다른 업무들을 잘해낼 능력이 그 당시 내겐 없었다. 하도 크게 혼이 나서 집에 와서도 하루 종일 멍하니 반쯤 정신이 나가 있었다. 그래도 마음 다잡고, 문제점이 뭐였을까 고민도 해 보았지만 결론은 어쩔 수 없이 내 능력 밖의 일이었다고 느꼈다. 인계를 받는 사람도 전 근무가 바쁘고 힘들었던 것을 이해 못하겠나 싶지만 막상 지저분하게 인계를 받아보면 안다. 출근해서 내가 해야 할 정규 업무도 있는데 뒤처리할 일까지 쌓여 있으면 심기가 불편할 수밖에 없다. 화내시던 선생님 마음도 이해가 가서 무엇보다 나 자신이 원망스럽고 속상해서 눈물이 났다.

엄마, 나 힘들어

간호사 이야기라는 페이스북 페이지가 있다. 중환자실 현직 간호사분이 운영하는 페이지로 의료현장에서 간호사들이 겪는 일들을 직접 그림으로 그려 게시하고 있다. 팔로잉 수만 7만 명 가까이 될 만큼 많은 이들의 공감을 얻고 있는 페이지이다. 그리고 그중에서도 너무 공감이 가서 눈물이 찔끔 났던 글이 있다.

텅 빈 자취방, 엄마와의 통화, 홀로 집에서 흘리는 눈물. 그림 한 장이지만 외로움과 버거움이 생생하게 느껴져서 마음이 울컥했다.

나는 엄격한 집에서 큰딸로 자라면서 부모님께 어리광 부리거나 감정 표현을 하지 못하고 컸다. 그래서 부모님께 외롭다, 힘들다 표현하며 기대본 적이 없었다. 병원 일 힘드냐고 물어보셔도 걱정하실까 봐 늘 괜찮다고만 했고, 일부러 집도 잘 안 내려갔었다. 유독 집에 다녀오면 마음이 더 울적했기 때문이다. 집에 가서 특별하게 뭔가 하고 온 것도 아닌데, 원래 집을 엄청 좋아하지도 않았는데……. 전라선의 끝, 저 먼 여수에서 천안까지 올라올 때면 이 낯선 도시가 더 매정하게 느껴졌다. 나도 집에 내려가서 부모님 곁에, 나를 감싸줄 이들 옆에 있고 싶은 마음이 굴뚝같아지면서 마음이 더 약해졌다. 텅 빈 자취방에 돌아와 집에서 챙겨주신 음식들을 냉장고에 차곡차곡 넣고, 짐정리를 하며 출근 전까지 남은 시간을 계산한다. 긴장되서 가슴만 두근두근 잠도 안 온다. 그 긴장감도 싫고, 차갑고 빈 공간에서 혼자 꾹 견뎌야 한다는 사실이 서러워서 참지 못하고 혼자 엉엉 울었던 적도 있다.

그러던 어느 날 여느 때처럼 한참 혼나고 퇴근도 늦은 길이었다. 새벽 12시 좀 넘어서 집에 혼자 걸어가는데 유독 어깨가 무거웠다. 한 걸음 한 걸음 터벅터벅 걸어 도착한 집은 냉랭한 공기만 가득하고 더 외롭고 차갑게 느껴졌다. 지친 몸을 구겨 침대에 쓰러지듯 눕자 문득 엄마 아빠도 보고 싶고, 집도 그리웠다. 나는 엄마께 전화를 걸었고, 엄마 목소리를 들으니 마음 깊숙한 곳에서 울컥함이 올라왔다. 그래서 말도 못하고 훌쩍훌쩍 참지 못하고 울음을 터뜨렸다. 늦은 시간 다 큰 딸이 갑자기 전화해서 말도 안 하고 우니 엄마는 제법 놀랐다. 한 번도 우는 모습 보인 적 없었고, 힘들다 얘기한 적도 없었던 터라 더 애가 탔다. 엄마는 화를 내듯이 무슨 일이냐고, 말을 해 보라고 했고 나는 계속 울다가 겨우 한 마디를 내뱉을 수 있었다.

"엄마, 나 너무 힘들어."

그 말을 들은 엄마는 대답을 하지 못하고 잠시 침묵하셨다. 그러다 잠시 후 마음먹은 듯 차분히 말씀하셨다.

"많이 힘드냐. 그럼 내려와라. 아무도 너한테 버티라고 시킨 적 없다. 그냥 그만두고 내려와."

나는 그 말에 더 눈물이 났지만 "아니야. 괜찮아."라고 힘겹게 답했다. 엄마를 속상하게 해서 죄송하긴 했지만 힘들다고 입 밖으로 말을 꺼내고 나니 마음은 조금 가벼워졌다. 그렇게 눈물 쓱 닦고 통화를 끊고는 오랜만에 푹 잠이 들 수 있었다.

엄마의 그만두라는 얘기를 덥석 물지는 않았지만 나는 그냥 그 말이 듣고 싶었던 것 같다. 이래도 저래도 다 괜찮다는 말, 그저 위로 한마디가 듣고 싶었다. 그렇게 주변 사람들의 도움으로 나는 무사히 눈물의 징검다리를 건널 수 있었다. 나도 그랬고, 무시무시해 보이는 선배들도, 동기들도 다 그랬다. 사연 없는 눈물 한 방울 없겠지만 곁에는 늘 이래도 저래도 당신을 응원하는 소중한 이들이 있다. 결국 다 과정이므로 그저 무사히 잘 건너가면 된다.

돌이켜 보면 나는 신규 간호사로 병원에 적응하는 일뿐만 아니라 당시의 모든 상황이 버거웠던 것 같다. 대학교 졸업 후 첫 사회생활이고 독립이었다. 주변에 친구도 가족도 마땅히 없는 타지생활에, 혼자 시간을 잘 보내는 성격도 아니었고 별다른 취미도 없었다. 외로움과 책임감이 빈틈없이 내 온 마음을 묵직하게 짓누르고 있었다.

오히려 일은 시간이 지나면 익숙해진다고들 말한다. 하지만 홀로 타지생활

하며 겪는 외로움은 3년을 넘기기가 힘들다고 한다. 무엇하나 참 쉽지 않다. 복합적인 어려움을 겪었던 그 시기에 나는 내가 뭣 때문에 힘든지도 모르고 무작정 힘들었다. 그러나 조금 지나오니 이제는 말할 수 있을 것 같다. 우리는 그렇게 성장하는 과정에 있던 거라고 그 당시엔 그 힘듦이 그저 내 직장, 일 때문이라고 생각했지만 복합적인 이유와 꼭 필요한 성장통이었던 거라고. 지금 외롭고 힘든 당신도, 버티기를 하고 있는 당신도 우리는 그렇게 성장하고 있는 거라고 말이다.

티는 안 날지라도 어제의 나보다는 오늘의 내가 분명 더 성장해 있다. 우리는 그렇게 조금씩 나아지고, 나아가고 있다. 이 악물고 버티다 보면, 그렇게 더디지만 한 걸음이라도 내딛으려 한다면 언젠가 뒤돌아보는 날도 올 수 있을 것이다. 지금 조금 더디어도, 가끔씩 쉬어간다 해도 괜찮다. 결국은 나아간다는 그 자체가 더 중요한 것이므로.

> 인간은 극복해야 할 그 무엇이다.
>
> 그대들은 자신을 극복하기 위해 무엇을 했는가?
>
> 프리드리히 니체

사건보고서

사람은 누구나 실수를 한다.

신이 아닌 이상 우리에게 완벽은 없다.

하지만 생명을 다루는 일에는 단 한 번의 실수도 치명적이다.

신규 간호사 때 실수를 안 하거나 사건보고서를 작성해 보지 않은 사람은, 일말의 과장 없이 단 한 명도 없을 것이다. 사건보고서란 병원 내 사건이 발생했을 때 작성하는 보고서, 반성문이다. 병원 내에서 일어나는 사건은 크게 세 가지로 나뉜다. 근접 오류, 위해 사건, 적신호 사건이다. 간략하게 설명하자면 근접 오류는 사건 발생 전에 발견하여 환자에게 위해가 가지 않은 사건이다. 위해 사건은 니어미스 near miss 로 우연히 또는 적절한 중재로 사고, 손상, 질병이 발생할 수 있는 사건을 예방한 것이다. 마지막으로 적신호 사건은 사망이나 심각한 신체적 정신적 손상을 초래한 모든 사건을 뜻한다.

일을 하다 보니 남의 얘기인 줄만 알았던, 교과서에서만 봤던 그 사고가 내 손에서도 얼마든지 일어날 수 있다고 느꼈다. 흔히 발생할 수 있는 사고는 인퓨전 펌프infusion pump, 약물 주입기를 만지는 게 익숙하지 않아 약물 주입속도가 다르게 들어간 경우나 투약 사고, 낙상 사고, 분실 사고 등이다.

주변의 크고 작은 사고는 대개 무지로 인한 것보다 실수로 인한 경우가 더 많다. 고의나 악의가 아닌, 더 이상의 어떤 이유도 붙일 수 없는 그저 실수 말이다. 하지만 실수가 사건이 되고, 사고가 되는 건 한순간이다. 그래서 방어선이 허물어지지 않도록, 실수가 반복되지 않도록 노력해야 하고 사건보고서도 그 방어선의 일부이다.

내가 아는 한 친구는 중환자실에서 1년 가까이 일하며 사건보고서를 열 번도 넘게 작성했다고 한다. 병원마다 시스템이 다르니 더 철저하게 관리하느라 그랬을 수도 있겠다. 사건보고서는 수간호사 선생님께 올리기 전에 책임 간호사charge nurse 선생님께 일차 확인을 받는다. 사건의 위험성에 따라 추가 면담이나 징계가 있을 수 있지만 대개 작은 실수라면 보고서 선에서 마무리되는 편이다. 사건보고서를 작성할 때는 육하원칙에 따라 구체적인 상황과 오류의 원인, 개선점 등을 적어야 한다. 친구의 병원은 기본 양식이 따로 정해져 있지 않아서 처음 작성했을 때 다섯 번이나 퇴짜를 맞았다고 한다. 일이 끝나고 혼자 병원에 남아 구석에서 사건보고서를 쓰고 고치고 또 쓰면서 많은 자괴감이 들었다고 한다. 현재는 병원을 퇴사하고 다른 일을 하고 있지만 아직도 그때 그 무거웠던 마음이 잊히지 않는다고 했다.

친구는 내게 기억에 남는 일 몇 가지를 말해 주었다. 하루는 환자가 호전되어 일반 병동으로 전실하는 일이 있었다. 환자분은 기관 삽관까지 했었다가 다 제거하고 현재 비강캐뉼라nasal cannula로 산소를 분당 2L씩 투여하고 있었다.

침대 채로 병실로 이동하므로 이동식 산소통을 가지고 와서 침대에 연결하였다. 그런데 전실 보내기 직전에 산소를 연결해 주는 것을 깜빡하였고, 환자는 산소 공급 없이 병실로 갔다. 짧은 시간이지만 기관 삽관을 제거한 지 얼마 되지 않았던 환자는 병실에 도착했을 때 얼굴이 파랗고 숨참을 호소했다. 모니터를 연결하고 확인해 보니 산소포화도가 80% 대까지 저하되어 바로 산소를 연결해 주었다. 다행히 환자분은 산소 공급을 받고 금방 회복이 되었지만 전화기 너머로 소식을 들은 친구는 가슴이 철렁했다. 결국 사건보고서를 작성하였고, 함께 근무하던 책임 간호사 선생님께 크게 혼이 났다. 병동 전체에 소문이 다 났고, 한동안 큰 죄책감에 시달렸다고 한다.

친구는 퇴사를 한 지금도 당시 썼던 사건보고서를 다 보관하고 있다고 하였다. 괴로운 마음에 잊어버리고 싶기도 했지만 한편으로는 그 실수 하나하나가 자신의 책임이라고 느꼈다고 한다. 사건보고서를 쓰면 당시 상황을 구체적으로 진술하고, 원인과 개선점을 찾으며 자신을 되돌아보게 된다. 그 과정은 분명 괴롭지만 자신의 책임을 끌어안고자, 개선하고자 노력한 친구의 태도가 의의가 있다고 느꼈다.

일을 하다 보면 종종 책임의 무게가 나를 넘어서는 순간이 있다. 특히 큰 실수를 하거나 사건보고서를 쓰면 자괴감에 휩싸이고 회의감이 든다. 사람을 돕고 싶어서 간호사를 했을 뿐인데, 내가 할 수 있는 일이 아닌 걸까? 내 능력 밖의 일이라는 생각도 든다. 그러나 또 무심하게 내일의 해는 뜨고, 출근은 해야 한다. 사건보고서를 쓴 다음날 출근길은 그저 출근길이 아니었다. 한 걸음 한 걸음이 다 나 자신과의 싸움이었다. 도망치고 싶고, 내가 감당할 수 있는 일이 아니라고 내빼고 싶었다. 그러나 우리는 책임을 져야 한다. 자괴감과 회의감에 휩싸여 또 다른 실수를 반복하는 일은 더더욱 하지 말아야 한다. 사람이기에 누구나 실수는 할 수 있지만 거기서 무너지지 않고, 넘어서고 개선해야 한다.

책임이란 단어가 점점 더 무겁다. 더 어릴 적의 나는, 그 단어의 뜻을 정확히 몰랐다는 생각이 들 만큼 직장생활을 하며 느끼는 책임은 참 버거웠다. 스물여섯 살의 책임과 서른여섯 살의 책임은 또 지금의 내가 생각하는 것과 다를 것이라는 어렴풋한 예상만 든다. 도망치고 싶지만 도망치지 않는 것. 무게를 견뎌내고 마땅히 책임을 지는 것. 그렇게 어른이 되어 간다고 느꼈다.

환자의 안전을 위해, 나 자신의 간호사 면허를 지키기 위해 작은 실수도 경계하고 더 철저해야 한다. 사건이 발생했을 때는 혼자 고민하거나 편한 동기들에게 얘기해서는 안 된다. 윗선생님께 바로 보고를 하고 함께 해결해야 한다. 그래야 더 큰 사고를 예방할 수 있다. 꺼진 불도 다시 보는 마음으로, '설마', '괜찮겠지' 하는 위험한 생각까지 조심 또 조심하도록 하자.

신규를 부탁해

간호사는

키워지는 직업군이다.

한 명의 신규 간호사가 독립해서 환자를 보려면 몇 개월의 시간이 걸린다. 물론 직장에서 상사, 선배에게 도움을 받고 성장해가는 건 어디나 같겠지만 간호사는 특히나 철저히 키워지는 직업군이다. 병원마다 교육방식과 팀제, 기능제 등 운영 시스템이 다르다. 그 다른 체계 안에서도 공통적인 건 한 명의 독립된 간호사를 배출하기 위해 많은 노력과 시간이 필요하다는 점이다. 몇 달간의 일대일 트레이닝과 꾸준한 교육, 여러 사람의 도움으로 한 명의 독립된 간호사가 만들어지는 것이다.

그래서 병원에는 흔히 말하는 엄마와 딸, 아들에 비유되는 조금 특별한 관계가 있다. 4년 동안 대학교에서 간호학에 대해 공부를 했지만 어쩔 수 없이 임상과 현실에는 차이가 있다. 또 병원만의 비전, 미션이 다르고 시스템이 다르므로 추가 교육이 필요하다. 앞서 엄마와 딸이라고 가볍게 말했지만 정식 명칭은 프리셉터preceptor와 프리셉티Preceptee이다. 프리셉터는 경력 간호사가 맡고 프리셉티는 신규 간호사가 대상이 된다. 신규 간호사에게는 프리셉터가 첫 병원생활의 지표와 같으므로 프리셉터는 교육도 따로 받고 몇 달 동안 온전히 책임을 부여받는다.

우리 부서는 크게 두 번의 프리셉터 교육이 있었다. 첫 번째는 액팅 트레이닝이고, 두 번째는 차지 트레이닝이다. 간략하게 설명하자면 먼저 가장 기본적인 간호술기(활력징후, 정맥 주사, 석션suction, 약품 외우기 등)와 부서 적응을 위한 교육을 2개월 동안 받는다. 그다음 실제로 환자를 볼 수 있도록 지식교육과 인계, 좀 더 심화적인 술기교육을 3개월 동안 받는다. 물론 신규냐 경력직이냐에 따라, 또 개인의 역량에 따라 다르겠지만 기본적으로 4, 5개월을 훈련만 받는 셈이다.

엄마 간호사

서울의 빅 파이브 병원에서 1년간 일하고 그만둔 대학동기를 만났다. 퇴사 후 어떤 점이 가장 아쉽냐고 물었더니 친구는 열심히 가르쳐준 선생님들께 죄송하다고 했다. 1년이라는 짧은 시간이었지만 선생님들과 잘 어울리지 못했고, 혼나기도 많이 혼났다고 알고 있었기에 의외의 답변이었다.

사실 선생님들께 큰 정이 든 건 아니지만 그만두고 나니 죄송한 마음이 크다고 했다. 당시엔 혼나면 그저 서럽고 서운하기만 했는데 지나고 보니 그것도 어느 정도의 관심이고, 노력이었던 것 같다고 했다. 혼나면서 배우긴 했지만 결국 다 자신을 가르쳐주고, 키워주기 위한 것이었는데 퇴사를 함으로써 그 노력이 물거품이 된 게 죄송하다고 했다. 병동에는 또 신규 간호사가 들어올 테고 프리셉터들은 그 교육을 처음부터 다시 해야 될 테니 말이다.

신규 간호사로서 교육을 받는 걸 당연하게만 생각했지 미처 생각해 보지 못한 관점이었다. 친구의 이야기를 듣고 보니 하긴 어느 직장을 가더라도 그렇게 일대일로 교육과 키움을 받기는 어렵지 않을까 생각이 들었다.

나도 그렇게 주변의 꾸준한 도움과 관심으로 한 명의 간호사로 독립할 수 있었다. 다섯 달 가까이 트레이닝을 받았고, 그 과정에서 두 명의 엄마 간호사가 생겼다. 물론 실제 근무하며 엄마 간호사라고 칭하지는 않지만 그만큼 끈끈한 관계이다. 내가 프리셉터 입장이 되어 보지는 않았지만 선생님들은 '눈에 밟힌다.', '아픈 손가락이다'라고 표현한다. 트레이닝을 받을 때 프리셉터와 프리셉티는 계속 함께 근무한다. 따라다니면서 배워야 하기 때문에 몇 달 동안 근무표가 똑같고, 매일매일 본다. 그러다 보니 서로 예민해지기도 하고 트레이닝 막판에는 지치기도 한다. 오래 붙어 일하다 보니 어느 동료보다 서로를 잘 파악하게 되고, 그래서 마음 잘 맞는 사람을 만나는 건 서로에게 큰 행운이다. 트레이닝을 받을 때는 프리셉터 선생님이 세상에서 제일 무서운 분이지만 시간이 지나고 나면 가장 든든한 지원군이자 내 편이 되기도 한다.

처음 액팅 트레이닝을 받을 때는 활력징후 측정 및 석션 방법, 약물의 종류와 보관 위치 등을 외웠다. 환자를 담당하는 것도 아니고 활력징후만 측정하는 데도 시간이 부족했다. 1시간에 한 번씩 활력징후를 측정하는데 그 1시간이 어찌나 빨리 돌아오던지 시간이 애석했다. 그 외 액팅 간호사는 물품 준비나 등 간호Back care 준비, 수술 후 준비 등 막내 일을 도맡는다. 아주 기본적인 것부터 차근차근 배우기 때문에 트레이닝을 받을 때는 공부할 것도 많다. 프리셉터 선생님이 직접 내준 숙제를 하고 검사도 맡았다. 모르는 게 많으니 강아지 뒤꽁무니 쫓듯 선생님을 따라다니며 귀찮게 묻고 또 물었다. 그래서 혼나기도 많이 혼났지만 결국 내 프리셉터 선생님이 가장 무서우면서도 가장 든든했다. 트레이닝이 끝날 때는 감사의 마음을 담아 선물을 하곤 한다. 동기들끼리 함께 고민하고 선물을 고르면서 각자 프리셉터 선생님 자랑도 했다. 그렇게 첫 번째 액팅 트레이닝은 짧은 듯 긴 듯 결국 끝이 났고, 두 번째 트레이닝을 받게 되었다.

두 번째 차지 트레이닝은 액팅 트레이닝과는 비교도 되지 않을 만큼 공부할 것들이 많았다. 이제는 실제로 환자를 담당해서 보는 연습을 하는 거라 더 엄격하고 어려웠다. 질병은 왜 이렇게 많고 알아야 할 것들, 외워야 할 것들은 왜 그렇게 많은지. 선생님이 어제 알려 주신 것 같은데 오늘은 또 까먹고 만다. 결국 큰소리가 나오게 되고 그렇게 몇 번의 실망과 인내의 시간이 반복된다. 내 프리셉터 선생님 두 분은 중환자실 대표 천사로 꼽힐 만한 분들이셨는데 반복되는 실수와 어리석은 행동 앞에 그 분들의 인간적인 면도 엿볼 수 있었다.

그렇게 장장 다섯 달의 트레이닝이 끝나고 드디어 독립을 하게 되었다. 이젠 나를 뒤에서 봐 주는 사람 없이 혼자서 환자를 돌보아야 한다. 독립하고 얼마 안 돼서는 물가에 내놓은 아이 같다. 모두가 관심 갖고 지켜보고, 몇 달 동안 트레이닝을 받긴 했지만 여전히 모르는 게 많다. 사실 트레이닝은 아무리 길게 받아도 충분하지 않고 결국 혼나면서, 직접 경험하면서 배우는 수밖에 없다고들 한다. 나도 마땅히 처음 독립하고 가장 크게, 가장 많이 혼났었다. 그런데 내가 다른 선생님들께 혼날 때면 프리셉터 선생님께서 뒤에서 더 안절부절 못하시는 모습을 보았다. 실제로 내가 잘못하면 프리셉터 선생님이 언급되기도 하였고, 그래서 더 잘하려고 노력했다.

어느덧 시간이 지나고 무섭고 엄격하게만 느껴졌던 프리셉터 선생님은 가장 마음 가고 든든한 분이 된다. 내 프리셉터 선생님 한 분은 트레이닝이 끝나고 다른 부서로 이동을 하셨는데 멀리서 지켜보겠다는 쪽지와 함께 선물을 남겨주고 가셨다. 밖에서 커피 한잔 하자는 약속은 쉽게 지켜지지 않지만 지켜보겠다는 말씀 속에서 마지막까지 생각해 주시는 마음을 느낄 수 있었다.

또한 프리셉터 선생님은 여전히 중환자실에서 함께 근무하며 내가 가장 애정하고 존경하는 분이다. 함께 근무할 때 모르는 게 있으면 자연스럽게 선생님께 여쭤보게 되고, 그래서 트레이닝이 끝난 지금도 도움을 많이 받는다. 감사한 마음에 사물함에 커피 한 잔, 쪽지 한 장 남기게 되었고 선생님은 작은 마음을 예쁘게 봐 주셨다. 내가 성격이 쾌활하고 살갑게 구는 편은 아닌지라 소심하게 드러낸 마음이었는데도 선생님은 더 크게 보답까지 해 주셨다. 생일에는 케이크, 크리스마스엔 선물, 제주도로 일주일 휴가를 갔을 때는 용돈까지 챙겨주셨다. 어떻게 보면 그저 직장 선후배이고 나는 한낱 막내 간호사일 뿐인데 선생님은 큰 관심과 호의를 베풀어 주셨다. 그리고 그 마음은 주눅 든 신규에게 가장 큰 위로이자 따뜻함으로 다가왔다. 특히 혼자 제주도로 여행 갔을 때 밥 잘 챙겨먹으라고 보내주신 용돈은 이루 말할 수 없는 감동이었다. 직장에서 이토록 좋은 인연을 만난 것을 지금도 종종 감사하게 생각한다. 그리고 한편으로는 내가 선생님께 트레이닝을 받지 않았다면 이 정도까지 관계를 이어갈 수 있었을까 하는 생각도 든다. 서로 얼굴 붉히고, 눈물 흘리고 힘든 과정도 있었기에 지금의 뿌리 깊은 애정이 가능할 수 있었을 것이다. 그저 그 가르침 자체와 인연에 감사드린다.

'내리사랑은 있어도 치사랑은 없다'는 표현이 있다. 우리가 아무리 부모님께 효도를 한다고 해도 부모님이 주신 바다같이 넓은 사랑에 비하면 한낱 물줄기에 불과하다. 한 명의 신규 간호사가 어엿한 간호사로 설 수 있기까지도 많은 이들의 도움이 필요하다. 우리가 그 내리사랑을 다 이해하고 보답할 수는 없겠지만 훗날 또 다른 내리사랑으로 베풀 수 있을 것이다. 지나고 보면 나 혼자 해낸 것 같지만 결코 우리 일은 혼자 할 수 있는 일이 아니다. 여전히 멀리서 지켜봐 주는 분들이 있어서 지금의 내가 있을 수 있는 것이다. 엄마 간호사! 딸이 더 잘 할게요!

드디어 1년! 돌잔치

드디어 1년!

돌을 맞이한 것을 축하합니다!

첫 입사 후 1년은 거의 버티기에 가까웠다. 월급을 받고 일을 하고 있긴 하지만 수습생에 더 가까운 느낌이랄까. 그래서 간호사라는 내 직업에 당당하지도 못했었다.

신규 간호사는 누가 봐도 티가 난다. 환자도 보호자도, 전화기 너머 의사들도 안다. 능숙하지 못한 손놀림과 안절부절못하는 눈빛 등 온몸에 긴장이 역력하다. 늘 주눅이 들어 병원 안에서는 환하게 웃기조차 어렵다. 웃고 다니면 긴장감 없이 너무 실없다고 혼나고, 안 웃으면 표정 좀 피라고 혼나고……. 이리 치이고 저리 치이는, 흔히 말하는 동네북이다. 그런 못난이 호박 같은 신규 간호사가 주인공인 유일한 날이 있다. 바로 신규 간호사 돌잔치 때이다.

네가 있어 고맙다

대학병원은 입사 후 1년까지 퇴사율이 매우 높다. 열 명 중 네 명이 그만둔다는 통계와 함께 내 입사 동기도 절반이 다 1년 이내에 퇴사하였다. 내 입사 동기는 무려 일곱 명이었다. 여기서 말하는 입사 동기는 10월에 중환자실에 함께 배정받은 동기를 말한다. 이례 없이 많은 인원이었으나 또 한꺼번에 왕창 나갔다. 두 명이 한 달도 안 되서 그만두었고, 두 명은 1년째쯤에 퇴사하였다. 어느 병원이나 신규 간호사의 높은 이직률은 큰 고민거리이다. 그래서 1년을 채웠을 때 혹은 100일을 기념하여 잘 버텨줘서 고맙다는 의미로 이른바 돌잔치를 한다.

100일, 1년이라니. 돌이켜 글로 풀어보니 참 짧은 시간이다. 하지만 처음 입사 후 내 목표도 딱 그 1년이었다. '그래도 돌잔치는 해 보자', '딱 1년만 버텨보자.' 하고 내 최소 경력을 돌잔치를 기준으로 하기도 했었다.

그리고 날씨 좋은 어느 가을, 드디어 1년 돌잔치가 있었다. 행사는 윗연차 선생님들의 축하 인터뷰 영상과 미니꽃다발, 단체 영화 관람으로 이루어졌다. 분기별로 전체 신규 간호사를 대상으로 열리는 행사이다 보니 여러 부서의 신규 간호사들이 모였다. 늘 주눅 들어 있던 앳된 얼굴의 간호사들은 오랜만에 신이 났다. 그 날만큼은 긴장되고 굳은 얼굴을 내려놓고 이십 대 중후반의 싱그러운 아가씨들로 돌아왔다.

다 같이 밝은 모습으로 동기들뿐만 아니라 수간호사 선생님, 행사에 참석해 주신 부서 선생님들과 함께 사진을 찍었다. 작은 꽃다발과 함께 각자 일할 때 사진이 새겨진 머그잔도 선물 받았다. 그리고는 다 같이 영화관으로 이동하여 영화 관람을 하였다. 영화관에 가서도 수간호사 선생님들께서 한 명 한 명 손수 간식을 나눠주셨다. 그렇게 그 날 하루 내내 노란 병아리들은 유일무이한 공주대접을 받았다.

선물도, 영화 관람도 다 좋았지만 가장 기억에 남는 건 부서 선생님들의 축하 인사였다. 윗연차 선생님들이 축하 인사를 전한 곳도 있고, 해당 간호사와 함께 촬영한 곳도 있었다. 사실 신규 간호사로 일하며 칭찬을 받을 일은 매우 매우 드물다. 늘 무섭고 어렵기만 했던 선생님들이 환한 얼굴로 부끄럽지만 따뜻한 말을 전한다.

"그래도 잘 버텨줘서 고맙다. 네가 있어 고맙다. 앞으로도 잘해 보자."

신규 간호사는 그에 화응하여 마음을 담아 말한다.

"잘 가르쳐주셔서 감사합니다. 앞으로 더 잘하겠습니다. 사랑합니다."

말을 건네는 사람도 듣는 사람도 모두 어색하고 쑥스럽다. 낯간지럽다고 얼굴에 크게 써 있는 듯하다. 부끄러움에 껍질을 벗은 밝은 표정과 따뜻한 말은 신규 간호사에게 더 크게 돌아온다. 일할 때는 사고뭉치 취급도 받고, 폐만 끼치는 것 같아 늘 죄송한 마음이 컸다. 그런 위축된 마음에 "그래도 네가 있어 고맙다", "앞으로도 같이 잘해 보자"라는 말이 참 뭉클하게 다가왔다. '이제는 나도 한 식구구나'라는 생각도 들었다.

사실 몇십 년을 근무하신 분들께 1년 버틴 게 무슨 대수겠는가. 그래도 그런 행사를 통해 업무적 짐을 내려놓고, 서로에게 티 없는 얼굴로 따뜻한 말을 주고받는 게 새삼스러우면서도 훈훈했다.

동기사랑 나라사랑

더군다나 돌잔치 때면 동기들이 많아 더 기분이 난다. '동기사랑 나라사랑'이라고 함께 일을 할 때도 옆에서 동기가 혼나면 내가 혼나는 것 같았다. 그리고 실제로 누구 한 명이 잘못하면 다 같이 혼나기도 했다. 직장 내 가장 편한 사이이고, 모르는 것도 부담 없이 물어보기 좋다. 하지만 사실 다 고만고만해서 실질적인 도움은 되지 않는다. 그저 나와 가장 비슷하게 힘들고 내 마음을 누구보다 잘 알아주는 유일한 친구, 함께 커가는 소중한 동료이다. 눈빛만 봐도 다 아는 동기는 그렇게 같이 근무하는 것만으로도, 옆에 있어 주는 것만으로도 힘이 되고는 한다.

그래서 동기들이 한 명 한 명 그만둘 때 거짓말 조금 보태고 내 일부가 조금씩 뜯겨나가는 기분이었다. 신규 때는 고민도 많고 많이 흔들릴 때여서 동기들의 퇴사에 휘청휘청 싱숭생숭했었다. 그렇게 시간이 흐르고, 한 명 한 명 각자의 사정으로 동기들이 떠나간다. 남아 있는 동기보다 떠나간 동기들이 더 많아지는 때가 오겠지만 그들이 있어 함께 버텼던 시기, 울고 웃던 추억들은 녹슬지 않을 것이다.

사실 고작 1년일 뿐이다. 누군가는 그게 무슨 축하거리이냐 하겠지만 우리는 자랑스러웠다. 나 자신에게 뿌듯했고, 함께 기뻐할 동기들이 있어 더 크게 기뻤다. 그 짧은 시간 내에도 몇 번이고 그만두고 싶었을 만큼, 내게 첫 입사부터 1년까지는 삶의 무게도 눈물의 양도 달랐다.

다양한 부서의 간호사들이 모였지만 모두가 서로의 마음을 아주 잘 알았다. 그래서 우리는 축하할 만했다. 앞으로 헤쳐 나가야 할 나날이 더 많이 남았지만, 그래도 그 날만큼은 우리 스스로를 듬뿍 칭찬해 주기로 했다.

물론 1년이 되었다고 해서 크게 달라진 건 없었다. 우리는 여전히 서툴고 부족한 것 많은 신규 간호사이다. 앞으로도 많은 시행착오를 겪을 것이고, 공부도 계속 열심히 해야 할 것이다. 동료들과 으쌰으쌰 하면서 때로는 눈물도 흘리며 그렇게 점차 신규 간호사 딱지를 뗄 것이다.

훗날 일이 더 익숙해지고 어엿한 경력 간호사가 된다고 해도 잊지 말아야겠다. 고작 1년이 그렇게 기쁠 만큼 많이 힘들었고, 부족했었다는 점을. 그 어려움과 힘들었던 마음, 간절함을 잊지 않고 더 좋은 간호사, 더 좋은 동료가 되는 데 보태고 싶다.

신규 간호사 파이팅! 돌잔치 축하해!

돌잔치 기념, 입사 동기들과 찍은 이미지 사진!

애증의 삼교대

간호사에게 근무표는 중요하다.

당장 다음 달 쉬는 날이 언제인지, 나이트 근무는 며칠인지…….

한 달 삶의 질이 근무표로 좌우된다.

명절에 안 쉬어? 여름휴가는? 꿈같은 소리. 남들 다 쉴 때 쉰다는 게 얼마나 큰 축복인지 삼교대 근무자들은 안다. 연중무휴, 명절 주말 없이 24시간 돌아가는 병원. 그리고 그 병원을 지키는 의료진들이 있다.

삼교대는 세 팀으로 24시간을 나눠서 8시간씩 근무하는 형태이다. 물론 이교대도 있고, 병원마다 조금씩 차이는 있지만 대표적인 근무 형태는 삼교대이다. 삼교대는 데이Day, 낮번, 이브닝Evening, 초번, 나이트Night, 밤번로 나눠진다. 보편적으로 데이는 오전 7시부터 오후 3시, 이브닝은 오후 3시부터 밤 11시, 나이트는 밤 11시부터 오전 7시 사이가 근무 시간이다. 하지만 규정상 근무시간일 뿐 물품 카운트도 해야 하고, 신규 간호사는 일이 느려서 출퇴근 1시간 혹은 그 이상의 오버타임은 기본이다. 삼교대 자체로도 일반 직장인들과 다르지만 그중에서도 가장 다른 점은 한 달 근무표와 나이트 즉 밤 근무일 것이다.

근무표로 정해지는 한 달

간호사의 한 달은 근무표로 정해진다. 보통 수간호사 선생님께서 다음 달 근무표를 미리 작성하신 후 월말쯤 알려주신다. 근무표야말로 수간호사 선생님의 막강한 권력이라고 할 만큼 간호사에게 근무표는 중요하다. 당장 다음 달 쉬는 날이 언제인지, 나이트 근무는 며칠인지……. 한 달 삶의 질이 근무표로 좌우되기 때문이다. 한 달에 주말이 며칠인지와 나이트 근무를 며칠 하는지에 따라 오프 off, 쉬는 날를 받는다. 그래서 근무표가 나오는 날이면 오래 근무한 경력 간호사나 신규 간호사나 너나 할 것 없이 마음이 들뜬다. 유치원생처럼 색색 펜으로 근무표에 표시를 하고, 연구에 들어간다.

'이 때는 며칠 연달아 쉬니까 여행을 가야지.'

'이번 달 나이트 근무는 며칠이네…….'

일반 직장인처럼 규칙적으로 쉴 수는 없지만 그만큼 자유자재이기도 하다. 운이 좋으면 사나흘씩 연이어 쉬기도 한다. 또 연속 출근하더라도 데이 근무로 오후 3시에 퇴근하고 다음 날 나이트 근무로 밤 9시에 출근할 경우에는 상대적으로 시간 여유가 있다.

연차가 조금 쌓이면 미리 원하는 날짜에 오프를 신청할 수 있다. 수간호사 선생님의 재량이지만 내가 원하는 날에 쉴 수 있는 건 큰 장점이다. 하지만 그만큼 운이 안 좋은 달엔 주말마다 일하거나, 근무가 들쭉날쭉해서 제대로 쉬지 못하기도 한다.

근무표는 간호사와 떼려야 뗄 수 없는 사이이다. 장점을 살리면 저렴한 가격에 여행도 다닐 수 있고, 은행 업무도 비교적 편하게 볼 수 있다. 남들 다 일할 때 노는 여유 있는 느낌도 누릴 수 있다. 하지만 남들 쉴 때 같이 쉬어야 약속을 잡을 수 있다. 간호사 친구들이 있지만 우리끼리는 또 근무표가 워낙 달라서 시간 맞추기가 더 어렵다. 특히 명절, 공휴일 껴서 다 같이 쉬는 걸 보면 부러울 수밖에 없다.

하도 많이 쳐다봐서 다 외울 지경인 내 근무표. 속상할 때도 있고, 기분 좋을 때도 있지만 근무표를 기다리는 소소한 설렘과 기쁨은 변함없는 사실이다.

삼교대, 밤 근무

밖에서 간호사라고 소개할 일이 있을 때 가장 많이 듣는 이야기 중 하나가 "교대로 일하죠? 힘들지 않아요?", "잠은 잘 자나요?"이다.

앞서 간략하게 설명하였듯 삼교대는 출퇴근 시간이 매번 다르다. 근무표에 따라 같이 일하는 멤버도 매번 다르고, 근무마다 업무 내용도 다르다. 오늘은 데이 근무였다가 내일은 나이트 근무를 하기도 하고 들쑥날쑥하지만 규정상 오 일 이상 연속으로 일하지는 않는다.

한번은 삼 일 동안 하루씩 데이, 이브닝, 나이트 근무를 한 적도 있었다. (진정한 삼교대!) 근무마다 업무 내용이 다른 건 일을 하다 보면 어느 정도 적응이 된다. 하지만 잠자고 일어나는 시간이 매번 다른 건 쉽게 적응되지 않는다. 그리고 역시 나이트 근무가 가장 힘들다.

밤을 새운다는 건 사실 놀면서도 힘든 일이다. 나 대학교 때 기억만 되새겨 봐도 그렇다. 나는 기숙사 생활을 했고 통금 시간은 12시 반이었다. 가끔씩 "밤새 놀자!" 하고 꼬드기는 친구들의 성화에 못 이겨 마음먹고 외박을 신청한다. 하지만 쌩쌩하던 친구들도 2, 3시쯤 되면 다들 시들시들 지친 기색이 역력하다. 분위기도 가라앉고 피곤이 몰려온다. 자취하는 친구들은 슬그머니 빠지고 갈 곳 없는 기숙사생, 통학생들만 남는다. 새벽녘 좀비처럼 어슬렁 거리를 방황하다 노래방이나 해장국집에서 반쯤 넋이 나간 채 기숙사 개방시간을 기다린다. 그 생활을 대학교 내내 반복하며 나이가 먹을수록 하루하루 회복이 다르다는 어른들의 말씀이 참 진리였음을 뼈저리게 느끼고는 했다. 사실 놀면서 밤새는 것도 이렇게 지치고 힘든데, 밤새 긴장하고 일하는 건 말할 것도 없이 매우 힘든 일이다.

일반 간호사는 보통 한 달에 나이트 근무를 4일에서 8일 정도 한다. 나이트 전담 간호사가 있는 병동은 좀 더 나이트 근무 일수가 적고, 내 경우엔 평균적으로 한 달에 6일에서 8일 정도이다. 나이트의 주 업무는 그 다음 날 데이, 이브닝 근무자가 일을 할 수 있도록 준비를 하는 것이다. 처방을 받고, 수액도 만들고, 채혈도 하고, 물품 정리 및 환자들 세발간호도 한다. 데이나 이브닝처럼 검사가 있거나, 환자 이동이 잦지는 않지만 기본 업무가 많은 편이다.

내가 피곤하든 졸리든 병원은 항상 바쁘다. 늦은 밤이라고 환자들이 안 아픈 것도 아니고, 새벽에 심정지로 CPR도 종종 있다. 응급실은 새벽에 환자들이 더 많이 밀려오므로 새벽 3시, 4시에 환자들이 올라오기도 한다. 졸리고 피곤할 것 같지만 정신 바짝 차리고 일하느라 밤새 시간이 어떻게 가는지 모를 때가 많다.

간혹 평화로운 나이트 근무에는 졸음과 싸운다. 머리가 멍해지고, 두뇌 회전이 되지 않는다. 스스로를 꼬집어 보기도 하고 물과 커피로 잠을 떨친다. 아침 7시, 8시 퇴근할 때쯤이면 푸석푸석한 피부와 깊은 다크 서클, 멍한 표정으로 몰골이 말이 아니다. 그래서 퇴근길에는 산뜻하게 출근하는 사람들 틈에서 재빨리 집으로 발걸음을 돌린다. 집에 와서 침대에 쓰러져 누워보지만 날은 환하다. 암막커튼을 치고 잠자리에 들려 애쓰지만 나만 밤 샜지, 사람들은 활동할 시간이다. 소음도 많고, 하필 잠들 쯤에 꼭 전화가 온다. 결국 피곤이 풀릴 만큼 깊은 숙면을 취하지 못한 채 또 다시 밤 출근이다.

나이트 근무와 삼교대는 내게 피부과 진료와 만성 피로를 안겨줬다. 불규칙한 수면과 식습관은 호르몬 불균형을 가져 왔고 나이트 근무가 끝날 쯤엔 여드름이 빼꼼 또 고개를 내민다. 나이트도 시간이 지나면 익숙해질까 싶어서 하루는 10년 넘게 삼교대를 해 오신 선생님께 여쭤봤다. 그리고 돌아온 답변은 이랬다.

"아니 전혀. 그냥 하는 거야~ 나이트는 10년 넘어도 힘들어."

애증의 삼교대

불규칙하고 힘든 삼교대지만 간호사는 살아남아야 한다. 앞서 단편적으로 잠을 얘기했지만 생활리듬도 깨지기 쉽다. 밥도 거르기 일쑤이고, 여러모로 체력이 바탕이 되어야 한다.

《간호사, 너 자신이 되어라》라는 책의 저자이자 30년 경력의 간호사 한화순 씨는 말한다.

> 신규 간호사는 어떻게 무장하면 좋을까요? 발은 건강한 체력으로 무장해야 합니다. 아무리 열심히 하려 해도 체력이 뒷받침되지 않으면 환자를 간호할 수가 없습니다. 식사도 거르지 말고 제때 끼니를 잘 챙겨 먹어야 합니다. 근무 중간에 간식을 먹거나 쉬는 시간은 없다고 각오하고, 출근 전에 충분한 식사와 휴식으로 자신의 건강을 관리해야 합니다.
>
> 한화순, 《간호사, 너 자신이 되어라》 중

잠에 쫓겨 규칙적인 운동이 어렵다면 밥이라도 잘 챙겨 먹자. 특히나 신규 간호사는 공부할 것도 많아 시간이 더 부족하다. 환자를 잘 돌보기 위해서 누구보다 스스로를 잘 돌볼 줄 알아야 한다.

삼교대, 밤 근무는 분명 쉽지 않다. 하지만 잘 찾아보면 그만의 장점도 있다. 그래, 피할 수 없다면 즐겨보자!

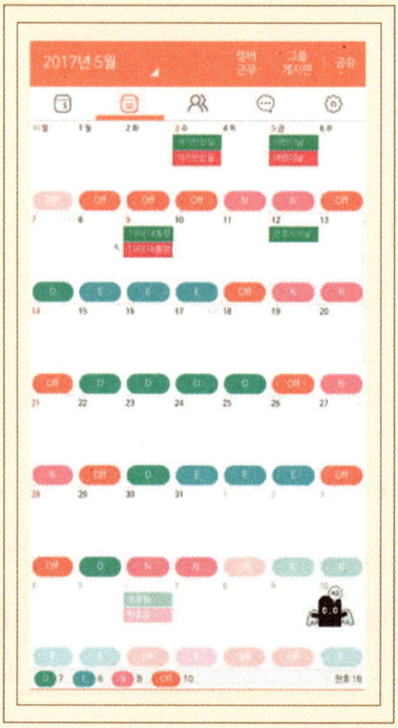
2017년 5월

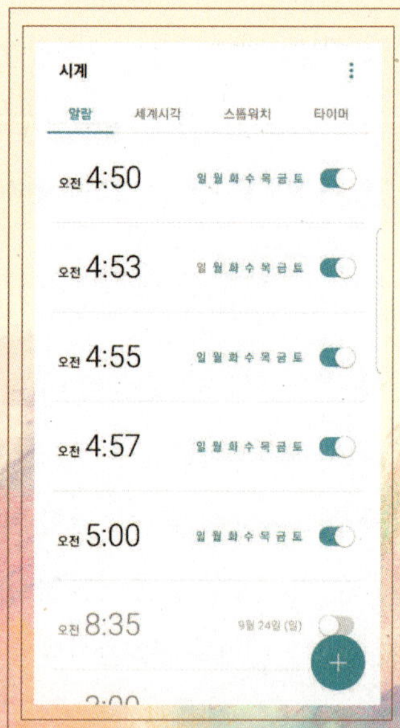
시계
알람
세계시각
스톱워치
타이머
오전 4:50
일 월 화 수 목 금 토
오전 4:53
일 월 화 수 목 금 토
오전 4:55
일 월 화 수 목 금 토
오전 4:57
일 월 화 수 목 금 토
오전 5:00
일 월 화 수 목 금 토
오전 8:35
9월 24일 (일)

원초적 본능

밥은 5분 만에,

화장실은 0번

같은 병원 안에서도 간호사의 근무복이 서로 다른 것을 볼 수 있다. 병동은 화사하고 밝은 분홍색 가운이고, 특수파트인 중환자실은 피가 묻어도 티가 나지 않는 보라색 가운이다. 드라마에 나오는 새하얀 가운의 의사와 하얀 치마에 차트 들고 종종 따라다니는 간호사는 현실과는 거리가 멀다. 종합병원 의료진들은 일반적으로 생각하는 것보다 더 바쁘다. 전문의가 되기까지 레지던트들은 거의 병원에서 살다시피 한다. 의사 수에 비해 환자가 몇 배나 더 많고 응급환자, 응급수술은 언제든 있다. 시도 때도 없이 콜이 오니 늘 잠이 부족하고, 스테이션에서 엎드려 쪽잠을 자는 모습도 종종 볼 수 있다.

떡 진 머리와 누리끼리한 가운에 퀭한 얼굴…….

가끔은 안쓰럽기까지 할 정도이다.

또 간호사라고 다르랴.

우리는 흔히 백의의 천사를 떠올리지만 현실은 여전사에 더 가깝다. 당신의 안전과 건강을 위해 애쓰는 여전사로 밀물처럼 밀려오는 죽음과 맞선다.

아무리 아파도 출근해야 한다. 내가 빠지면 누군가 쉬다가 갑자기 나와서 일을 해야 하므로. 사정은 이해해도 갑작스런 출근이 달가울 사람은 없다. 그러므로 정 아프면 출근 전 병원에 들러 수액을 맞고, 응급실에서 쉬다가 출근하기도 했다. 일하는 도중에 아파도 조퇴는 없다. 나 대신 환자를 봐줄 사람이 없으므로 최대한 8시간 근무 동안은 버텨야 한다. 수액을 맞으면서 폴대를 끌고 다니기도 하고, 버티다 결국 응급실로 실려 가는 경우도 있다. 나 자신이 환자일 때도 우리는 이를 악물고 일해야 한다.

응급실

현대사회에서 누구 하나 바쁘지 않은 사람이 없지만 대학병원은 특히 언제나 바쁘다. 응급실에서 폭력사고, 난동이 끊이지 않는 점도 바쁜 현실의 영향이 있다. 응급실은 말 그대로 응급한 환자를 위한 곳이다. 상해나 질병엔 분명한 우선순위가 있고 그 위급한 정도에 따라 처치를 받는다. 내 손 안의 가시가 남 목의 칼보다 더 아픈 것은 어쩔 수 없지만 선진의식과 배려가 꼭 필요하다.

가끔 응급실에서 일하는 동료의 이야기를 들어보면 말도 안 된다 싶은 경우가 많다. 응급실 폭력 사고가 끊임없이 뉴스에 나오는 게 결코 먼 이야기가 아닌 것이다. 그 폭력 사고의 대상은 대개 의료진이다. 안전 요원이 상주할지라도 의료진이 환자를 이길 수는 없는 법, 고스란히 위험에 노출되고 만다.

대기 시간이 길다. 일일이 설명해 주지 않는다. 진료비가 비싸다……. 큰 소리가 오가는 이유는 다양하다. 으레 생각할 수 있는 조폭이나 술에 취한 사람뿐만이 아니다. 상식이 있는 일반적인 사람들도 쉽게 화를 내고 부딪친다. 아픈 사람과 그 가족들은 모두 예민해져 있기 때문에 서로 눈살을 찌푸리게 되는 일이 종종 발생하고는 한다.

대학생 때 맹장으로 대학병원 응급실에 입원했던 적이 있었다. 처음에는 배가 아파서 학교 근처 작은 병원에 갔었다. 그런데 진단 결과, 수술이 필요할 수도 있으니 대학병원에 가야 할 것 같다고 하였다. 당시 복부의 통증만 약간 있는 정도여서 구급차는 타지 않았고, 가족들이 소집되었다. 통증 자체보다 '대학병원', '수술'이라는 말에 더 긴장되었고 걱정 가득한 마음으로 대전의 대학병원으로 향했다.

응급실은 평일인데도 사람들로 북적거리고 있었다. 간호사 스테이션에는 잔뜩 무리 지은 사람들이 뭔가 큰 소리를 내고 있었고(벌에 쏘인 등산객들이었다), 그 외 여러 환자들이 각자 찡그리고 심각한 표정으로 침대에 누워 있었다. 나는 처음 와보는 응급실이 낯설어서 어벙벙 주변을 두리번거렸고, 이내 친절하면서도 냉랭한 간호사 선생님의 안내를 받아 내 침대에 누웠다. 환자복으로 옷을 갈아입고 CT촬영과 혈액검사가 이루어졌다. 그런데 검사 하나하나마다 대기 시간이 너무 길었다. 결국 수술까지는 필요 없겠다는 결론을 듣기까지 장장 6시간이나 걸렸다.

약을 처방받아 응급실을 나오면서 안도감이 들었지만 한편으로는 지치고 짜증도 났다. 처음에는 우리 부모님도 걱정되는 마음에 지나가는 간호사를 붙잡고 이것저것 물어보았지만 바쁜 그들에게선 형식적인 대답만 돌아왔다.

"결과 나올 때까지 조금만 기다리세요."

"다른 급한 환자분이 있어서요. 잠시만요~."

걱정이 큰 우리에 비해 너무나 태평하고 별것 아니라는 듯한(사실 진짜 별것 아니었다) 그들의 태도는 우리를 안심시켜주기보다는 무안하게 하였다. 그 당시 나는 간호학생이었고 그런 그들이 조금은 야속했던 걸로 기억한다. 어린 마음에 '간호사들이 왜 이렇게 불친절해! 나는 그러지 말아야지' 하고 생각하기도 했다.

하지만 되돌아보면 그 상황에서 내가 기억나는 것은 내 작은 병원침대와 찌릿찌릿했던 복부의 통증뿐이다. 간호사와 의사는 다급하게 무언가를 하고 있었지만 그건 내 관심 밖의 일이었다. 나와 가족들에게는 내 맹장, 갑작스러운 수술이 가장 중요하고 엄청난 사건이었다.

내가 미처 보지 못하였지만 당시 그곳에도 말 그대로 생명의 위협을 받는 환자들이 있었을 것이다. 의료진들은 중증도에 맞춰 치료를 했을 것이고 당연히 중증도 낮은 내 질환은 순서가 밀릴 수밖에 없었다. 그렇지만 그 상황에선 부끄럽게도 나 역시 나밖에 못 보았다. 지금 의료진이 되어 입장을 돌이켜보니 조금은 야속해 보였던 그들이, 그 나름의 최선을 다했을 거라는 생각이 든다.

다른 사람의 입장을 이해한다는 게 결코 쉬운 일은 아니다. 내 건강과 내 가족이 최우선일 수밖에 없는 마음은 모두가 이해한다. 다만 그 배려와 이해가 의료진과 병원을 위한 것이 아니라 진짜 목숨을 다투는 환자, 그 가족들을 위한 것임을 또 그게 언젠간 내 가족이 될 수 있음을 알아주었으면 한다.

딱 1분, 딱 30초

앞서 응급실에 대해 이야기했지만 중환자실 역시 그 어느 곳보다 바쁘고, 급박하게 일하는 곳이다. 중환자실은 대개 간호사 한 명당 담당 환자가 배정된다. 우리 병원은 한 사람당 담당 환자가 세 명이지만 병원에 따라 네다섯 명까지 배정되기도 한다.

중환자실 환자는 집중치료, 복합적인 치료가 필요한 환자들이다. 1시간마다 환자의 활력징후—혈압, 맥박, 호흡, 체온—를 측정해야 한다. 또 무의식이거나 스스로 체위변경이 어려운 경우가 많으니 욕창이 생길 수 있다. 그래서 2시간마다 간호사가 직접 체위변경을 해 주고, 기저귀에 대소변을 보지는 않았는지 수시로 확인하고 갈아주어야 한다.

또한 응급상황이 종종 발생한다. CPRcardiopulmonary resuscitation 상황도 자주 있고, 수술이 끝나고 응급으로 환자가 중환자실로 나오거나, 병동에서 상태가 악화되어 갑작스럽게 오기도 한다. 그 말은 즉 환자가 언제 어디서든 들이닥칠 수 있다는 뜻이다. 그래서 오버베드overbed로 환자를 규정인원보다 더 많이 데리고 있어야 하는 상황도 발생한다. CPR이나 갑작스런 사건이 발생했을 때 담당간호사의 중요한 역할은 기록을 하는 것이다. 상황에 대해 상세하게 기록하고, 처방을 받고, 전산작업도 해야 한다.

그 외에도 시간 맞춰 약물 치료 하기, 흡인간호 하기, 수혈이나 각종 검사 준비하기, 비위관흔히 말하는 콧줄이나 각종 튜브로 식이 진행하기, 응급 상황 시에는 삽관이나 다양한 기구 준비하기 등 해야 할 일이 많다. 기본간호 외에 보호자 응대, 인계 준비, 환자와의 신뢰관계rapport 및 유대감 형성, 전화응대 등 대인관계도 잘해야 한다. 또 인공호흡기나 각종 기계가 고장이 나면 그 기계를 가장 많이 다루는 간호사들이 급하게 뚝딱 수리해야 하고, 의료비용이나 보험 적용 등의 문제도 보호자들은 대개 간호사에게 물어본다. 촘촘한 거미줄 같이 병원 내에 간호사의 손이 닿지 않는 것이 없을 정도로 기본 간호업무 외에도 다양한 일을 한다.

이렇다보니 근무 8시간 내내, 시간이 부족한 게 다반사다. 그리고 그때 필요한 시간의 단위는 십 분도 아니고, 딱 1분, 딱 30초인 경우가 많다. 격리실에서 환자를 보고 있는데 밖에 있는 다른 환자가 숨이 넘어갈 듯 모니터에서 알람이 울리면 몸이 진짜 두 개였으면 싶다. 한 손으로는 체온을 재고, 한 손으로는 약을 섞고, 눈은 환자의 모니터를 관찰하는 등 몇 분 몇 초 단위로 시간과 다툰다.

그런데 이런 바쁨은 사실 중환자실뿐만의 문제가 아니다. 병동은 중환자실에 비해 중증도가 낮긴 하지만 담당 환자가 더 많은 편이다. 내가 실습 때 보았던 액팅 선생님은 담당 환자가 삼사십 명이어서 활력징후를 측정해야 할 시간이 되면 정신없이 뛰어다니셨다. 병동은 기본적인 업무 외에 보호자, 환자들의 불편, 불만 사항을 해결하는 게 가장 바쁘고 힘들다고 한다.

병원을 한 번이라도 가본 적이 있는 사람이라면 간호사들이 매우 바쁘다는 것에 동의할 것이다. 그렇다면 우리나라 간호사들은 대체 왜 그렇게 바쁜 것일까?

아래는 오마이뉴스 고동완 기자의 글을 참조한 것이다.

밥은 5분 만에, 화장실은 0번… 간호사는 힘들다

열악한 노동 환경… 화장실은 꿈, 물 한 모금 못 마신다

일에 치인다는 게 딱 이런 상황이다. 9시 18분, A 간호사는 맡은 환자를 돌보려 병실을 순회한다. 9시 29분, "검사 때문에 아침 식사 못하실 거예요"라며 환자들에게 주의사항을 당부한다. 9시 32분, 혈압이 떨어져 상태가 안 좋아진 환자를 확인한다. A 간호사의 발걸음이 멈추지 않는다. 9시 37분, 의사에게 전화를 건다. 의사는 전화를 안 받는다. 간호사 판단으로 처방을 내릴 수 없다. 잠시 후 다시 전화가 온다. 비치가 안 된 약품을 건너편 병동의 스테이션에서 빌린다. 약을 주사에 담는 데 시간이 걸린다. 9시 50분, 혈압이 떨어진 그 금식 환자에게 포도당을 투여한다. 9시 55분, 수술 환자가 병실에 왔다. 스테이션으로 돌아와 급박하게 기록을 남기는 A 간호사에게 간략하게 물어봤다.

- 2시간 지켜보는 내내, 물 한 모금은커녕 화장실 한 번 못 가던데.

"화장실은 출근 전, 퇴근 후에만 간다."

병동 상황을 지켜보던 8년 차 간호사 B 씨는 "정형외과는 업무 강도로는 5점 만점에 1점에 불과하다"라면서 "내과에 근무하던 시절엔 밤 10시 30분에 퇴근할 걸 새벽 1~2시에 마친 적도 있다"라고 귀띔했다.

병원의 실상을 생생하게 드러낸 재밌는 기사였다. 특히 마지막 업무 강도를 점수로 표현한 부분이 참신했다. 그렇다면 중환자실은 5점 만점에 한 몇 점 정도 될까? 개인적인 생각이지만 아마 4.5점 정도 되지 않을까 싶다.

불편한 편의

임신도 눈치를 봐야 한다. 내 입사 동기 친구는 입사 후 서너 달이 지났을 때 갑작스럽게 임신을 하게 되었다. 임신과 결혼, 인생을 통틀어 가장 축하받을 일임에도 불구하고 그 친구는 눈치를 봐야 했다. 신규가 임신을 했기 때문에.

한 명의 인원이 빠지면 그 몇 달을 다른 인력으로 대체해 주기는 사실상 어렵다. 아예 그만두었다면 다른 인력으로 대체할 수 있지만 분만 휴가는 그 인원을 빼고 남은 인원만으로 근무가 돌아간다. 혹 대체 인력을 뽑을 지라도 신규가 들어오기 때문에 바로 한 사람 몫을 해내지 못한다. 그럴 경우 근무표가 꼬이고 남은 인원들이 더 많은 일을 떠맡아야 한다. 게다가 그 친구는 트레이닝을 받는 중이었으니 트레이닝도 말짱 도루묵. 동료들의 시선이 고울 리 없었다. 분만 휴가도 최소한 받고 다시 복직하였고, 복귀 후에는 동기보다 뒤처졌으니 더 열심히 해야 한다는 압박감마저 있었다. 그 모든 사정을 바로 옆에서 지켜보며, 서로의 입장이 이해는 되지만 참 안타까웠다.

마땅히 축복받을 일임에도 여기저기 눈치를 봐야 하고, 당연한 권리마저 불편한 편의로 치부되는 현실이라니. 부른 배로 여기저기 뛰어다니느라 고생한 그 친구와 함께 퇴근하던 길이었다. 배도 부른데 일 힘들지 않냐고 물었더니 몸 힘든 것보다 눈치 보이고 서러운 게 더 힘들다며 친구는 눈물을 보였다.

임신 순번제에 대해 들어본 적이 있는가? 병동 내에서 같은 시기에 임신하면 업무에 차질이 생길 수 있으니 순번을 정해 돌아가면서 임신과 출산을 하는 것을 뜻한다. 실제 우리 부서에서 일어나고 있는 일은 아니지만 임신 순번

제가 공공연히 언급되는 이유는 많은 병원이 이런 기형적인 관습에서 벗어나지 못하고 있기 때문일 것이다.

관련 기사를 찾아보던 중 〈'임신도 번호표대로'… …간호사 임신순번제 여전〉이라는 제목의 기사가 눈에 띄었다. 그 내용 중에서도 아래 인터뷰가 병원의 실상을 참 잘 표현했다고 느꼈다.

"일반 회사라면 대체근무자를 뽑겠죠. 그 사람은 푹 쉬고 복귀하면 되고요. 병원은 안 그래요. 휴직이 발생했을 땐 정말 지옥 같았어요. 그 사람의 일이 전부 남은 사람들에게 돌아갔죠. 나머지 간호사들은 두 달간 오프(유급 휴가)를 다 잘렸어요. 아파도 못 쉬고 비상근무 체제였어요. 휴직자랑 친했는데 그땐 정말 밉더라고요. 내가 죽겠으니까……."

10년 차 간호사 정 모(35) 씨

"실제로 누구 하나 임신만 해도 뒤에서 수군거려요. 쟤 때문에 내 오프 잘렸다거나, 쟤가 나이트를 못 하게 돼서 내 근무표가 최악이 됐다거나…… 그렇게 눈치를 주고받는데 어지간하면 병원 다니면서 임신 출산할 생각은 못 하죠. 관두고 하면 몰라도."

6년 차 간호사 김 모(29) 씨

기사는 "간호사 업무량 감소 · 근로조건 개선 · 인력 충원 함께 해결해야"라는 내용으로 글을 마무리하였다.

많은 친구들이 대학교 졸업 직후에는 임상경력을, 병원에서 일하기를 원한다. 그러고 1년, 채 몇 년도 되지 않아 그 비율은 동강나고 만다. 한국에서 면허는 있지만 실제로 일하는 간호사의 비율은 70.7%에 불과하다. 이 비율은 의사(88.9%) · 한의사(90.5%) · 약사(73.1%)보다 한참 낮은 편이다.

그들도 처음에는 멋진 간호사를 꿈꿨을 것이다. 우리가 4년 동안 교육받고 그려온 그런 훌륭한 간호사가 되어, 배워 익혀온 것을 현실에 적용해 보고 정체성을 확인하고 싶은 마음은 진심이었다. 하지만 그 정체성 찾기는 삼교대, 열악한 환경과 임금, 부당한 대우들로 꺾여버리고 만다. 그렇게 우리가 꿈꿔온 간호사, 간호는 현실에서 멀어지고 만다.

한국보건사회연구원의 보건의료인력 중장기 수급 전망 연구에 따르면 간호사는 2020년 11만65명이, 오는 2030년에는 15만8,000명이 부족할 것으로 예측된다고 한다. 그 정확성을 떠나서 간호사 인력 문제가 끊임없이 논의되는 건 근본적인 문제가 해결되지 않고 있다는 뜻일 것이다. 더 큰 문제는 간호사 자체의 인력 공급 부족이 아니라 실제로 일하는 간호사의 비율이 적다는 것이다. 이 부분에서 명백하게 드러나는 건 한국에서 간호사가 일하기 좋은 직업이 아니라는 점이다.

인력 충원, 처우 개선 등 다양한 해결책이 제시되고 있지만 임상에서 일하는 간호사들에게 와 닿는 부분은 적다. 삼삼오오 하소연만 하기보다는 더 강력한 목소리를 내어 우리가 꿈꿔온 간호사가 현실에서도 날개를 펼칠 수 있기를 바란다.

병원형 인간 벗어나기

잊지 말자.

우리 모두 행복한 나이고,

행복한 간호사일 수 있다.

퇴근길 손에는 책이 한가득이다. 미처 다 보지 못할지라도 공부할 책이라도 가지고 가야 마음이 편하다. 병원 문턱은 나섰지만 마음까지 홀가분히 병원을 벗어나기가 쉽지 않다. 집에 가서도 실수했던 것, 혼난 것이 자꾸 생각난다. 그래도 자고 일어나면 조금 떨쳐지긴 하지만 곧 다시 출근이다. 출근 전날, 몇 시간 전이면 머리가 지끈지끈, 벌써부터 온몸이 쑤신다.

오늘이 며칠인지, 주말인지 평일인지보다 내 근무가 뭔지가 더 빨리 계산된다. 근무표, 인수인계장은 거의 외울 지경이고, 혹 다음 날 인계가 무서운 선생님이면 전날부터 스트레스를 받는다. 그래서 아예 집에서부터 미리 공부를 해 가고는 했다.

간혹 오프가 연속되어 일상다운 일상을 보낼 때도 '곧 인계시간이구나', '병원에선 뭐 할 시간이군' 하고 병원을 기준으로 시간을 나눠 생각하고 있는 내 모습을 발견하고는 넌더리가 난 적이 있다. 완벽한 병원형 인간으로 몸만 떨어져 있지 마음은 이미 병원 안이나 다를 바 없었다. 과장되게 느껴질 수도 있지만 아등바등 있는 그대로 내 신규 간호사 때 모습이었다.

하지만 냉정하게, 아니 당연히 병원은 직장일 뿐이다. 직업적 소명의식, 희생정신 등 간호라는 행위에는 다양한 수식어가 붙는다. 하지만 그 이전에 병원과 간호는 내 삶의 작은 부분이고, 여러 가치 중 하나일 뿐이다.

간호라는 행위보다 더 작은 것이 이 직장, 이 병원이고 그보다 더 작은 것이 내 근무처이다. 이 일과 이 직장이 결코 내 절대적인 가치도, 삶의 이유도 아니다. 그러나 이마저도 머리로만 알 뿐, 신규 간호사 때는 그 분리마저 과분해 보이는 게 사실이다.

하지만 다행히도 사람은 무엇이든 익숙해지기 마련이다. 매일 가는 출근길이고 매일 보는 환자들이다. 어느 정도 일이 반복되다 보니 죽음도 긴장감도 조금은 무뎌진다. 나머지 공부도 처음보다는 덜하게 되고, 조금씩 일에 여유가 생긴다. 숨통이 트이며 자연스럽게 이제는 내 삶을 누려보고 싶다는 욕망이 고개를 드민다.

대학병원 간호사는 이십 대 초중반 또래에 비해 높은 연봉을 받는다. 대부분 대학교 졸업 후 취직도 바로 한다. 또래보다 사회 진출이 빠르고 안정적이다 보니 부러움을 사기도 한다. 비교적 높은 연봉과 취업 보장은 이 직업의 가장 큰 장점 중 하나이다. 그런데 흔히 간호사는 돈 쓸 시간이 없어서 더 돈을 번다고 할 만큼 여유가 없다. 신규 간호사 시기가 지나면 조금 나아지기는 하지만 근본적으로 삼교대이다. 늘 만성피로와 잠에 허덕이고, 병원은 어느 직장보다 몰입도가 높은 편이다. 그래서 일이 힘든 만큼 나만의 스트레스 해소법, 취미 생활 등 뻔하게 듣는 그런 것들이 꼭 필요하다고 느꼈다.

취미가 있는 사람

TV를 거의 보지 않는 내가 최근 즐겨본 예능프로그램이 있었다. '효리네 민박'이라는 프로그램으로 제주도에서 이효리, 이상순 부부가 민박집을 운영하는 예능이다. 최고 시청률 10% 대를 기록하며 많은 이들의 사랑을 받은 이 프로그램은 제주도의 풍경만큼이나 잔잔하면서도 예쁘고, 감동적인 요소들도 많았다. 일반인들을 대상으로 민박집을 운영하였고 총 열세 팀 서른아홉 명의 손님들이 함께하였다. 부부의 사는 모습 엿보기도 재밌었고, 꾸밈없고 진솔한 모습이 예뻤다. 또 다양한 손님들을 보는 재미와 더불어 인생 경험 많은 효리 언니의 주옥같은 멘트가 많았다.

기억에 남는 장면은 직원인 지은 양(아이유)과 효리 언니가 집에 돌아가는 차 안에서 진지하게 마음속 이야기를 나누는 장면이었다. 효리 언니는 사람이 흔들릴 때 딱 하나 의지할 것에 대해 얘기하는데 자신의 세 가지로 요가, 마시는 차, 그리고 상순(남편)을 뽑는다. 주저 없이 세 가지를 말할 수 있는 자신감과 그 리스트가 그녀다웠다. 나는 무엇을 뽑을 수 있을까 하는 생각이 들었고, 자신의 삶에 대한 확신 있는 그녀의 태도가 부러웠다. 그리고 나는 그 의지할 것이라는 게 다른 표현으로 '취미'처럼 느껴졌다.

나는 효리 언니가 뽑은 세 가지 중 남편 상순을 제외한 두 가지에 더 큰 힘이 있다고 느꼈다. 물론 좋은 인연을 만나 의지하며 살아간다는 것 자체도 쉽지 않다. 그 자체로 큰 축복이겠지만 꼭 연인이 아니더라도 우리는 살아가며 사람에게 가장 많이 의지하고자 한다. 그렇지만 내가 의지하고자 하는 사람도 결국 사람이므로 오롯이 기대고 기대하기 힘들다. 변수도 많고, 결코 내 손안에 있지 않다. 사람에게 '사람'은 기본요소이지만 사람에게만 의지하기엔 불안정할 수 있다. 그래서 그 이상의 자신만의 취미가 꼭 필요하다.

자신만의 취미, 몰두할 것이 있는 사람에게는 자신감과 에너지가 있다. 직업으로서가 아닌 취미로, 순수한 열정으로 몰두하는 모습은 더 멋있게 느껴진다. 만약 효리 언니가 요가강사였다면 그녀의 요가사랑은 우리에게 크게 와닿지 않았을 것이다. 우리가 그녀를 더 멋있다고 느끼는 건 주어진 자신의 삶(가수, 연예인)을 넘어 그녀 스스로 형성한 자신만의 세계(요가, 마시는 차)가 있기 때문이다.

이야기가 많이 흘러갔지만 하고 싶었던 이야기는 순수한 열정과 취미가 있는 사람의 힘에 대한 것이었다. 완벽한 병원형 인간으로 살던 나도 나다운 삶을 위해 취미가 정말 필요하다고 느꼈다. 신규 간호사로 시간도 돈도 부족했지만 나만의 취미를 찾고자 깨알같이 노력했다.

우선 병원을 벗어나면 병원 얘기를 하지 않으려고 애썼다. 병원 친구들을 만나면 또 병원 얘기를 하고 말아서 아예 의식적으로 다른 분야의 친구들을 더 만나려고도 하였다. 타지생활이라 사람 만날 기회가 전혀 없어 보였지만 인터넷으로 동호회를 찾아보니 많지는 않아도 한두 개씩은 있었다. 목마른 자가 우물을 파는 법. 배워보고 싶던 악기인 우쿨렐레 동호회도 나가 보고, 독서 모임도 다녔다. 대학교 때 동아리는 계속했지만 사회에서 동호회는 처음이라 어색하고 망설여지긴 했지만 역시나 사람 모이는 곳은 비슷했다. 그곳에서 새로운 사람들을 만나고 악기, 책 등 다른 분야를 접하니 몸은 힘들어도 마음은 즐거웠다. 일단 병원 생각을 하지 않고 다른 생각을 할 수 있다는 자체만으로도 좋았다.

일만 하고 병원 사람들만 만날 때는 그 세상이 너무나 커 보였다. 누가 시킨 것도 아닌데 혼자 너무 끙끙 끌어안고 있었다. 그런데 그 울타리 안에만 갇혀 있기엔 숨이 막힌다. 나도 거의 질식하기 일보직전이었다. 그래서 시선을 끊임없이 밖으로 돌려 다른 세상을 보니 그제야 숨통이 트였다. 일에만 매달릴 때보다 출근길도 가벼워졌고, 병원형 인간에서 벗어날 수 있었다.

조금 놓아줘도 된다. 열심히 놀고, 스트레스 푸는 것도 노력해야 할 일 중 하나라고 생각하며 의식적으로 숨통을 트이게 해줘야 한다.

그가 가진 그릇

> 모든 사람은 바다에서 그가 가진 그릇의 크기와 형태에 따라 물을 퍼 올릴 수 있다.
>
> 제모르그 짐멜

나는 취미 찾기를 고민할 때 위의 글귀가 참 와닿았다. 그는 내 앞의 바다가 태평양, 대서양이 아니라고 좌절할 것이 아니라 중요한 건 내 그릇이라고 말한다. 똑같이 시간이 주어져도 진짜 잘 노는 사람과 그냥 시간 죽이기를 하는 사람이 있다. 많은 이들이 저녁이 있는 삶, 여유 있는 삶을 꿈꾸고 그래서 또 많은 이들이 공무원을 좇는다. 하지만 똑같은 시간에 퇴근한다고 해서 모두가 여유 있고 풍요로운 시간을 보낼 수 있을까? 아닐 것이다. 그것은 자신의 그릇, 개인의 능력에 달려 있다.

간호사는 삼교대 근무자이고 누구보다 육체노동이 심하다. 취미 생활, 여유 있는 삶, 저녁이 있는 삶은 머나먼 다른 나라 이야기처럼 느껴진다. 늘 그렇듯 핑계는 많다. 내가 취미를 누리지 못할 이유도, 행복하지 못할 이유도 많다. 하지만 한편으로는 그러지 못할 이유도 없다. 상황 탓만 하며 그냥 지낼 수도 있지만 우리는 어쩔 수 없이 간호사이고 나는 행복한 간호사이고 싶었다. 그래서 작은 우물 같은 세계이지만 내 그릇을 키워가는 수밖에 없다고 생각했다.

아직 어린 우리가 확고한 나만의 세계와 취미를 구축하기는 어려울 수 있다. 내 그릇을 키워간다는 말도 두루뭉술하게 들릴 수 있다. 하지만 끊임없이 취미를 찾고, 내 삶의 의지가 될 것을 찾는 노력을 계속해서 하다 보면 길이 보일 수 있을 것이다.

신규 간호사의 시간은 결국 지나간다. 일에 최선은 다해야겠지만, 어느 정도의 버티기는 필요로 하겠지만 잊지 말자. 우리 모두 행복한 나이고, 행복한 간호사일 수 있다.

당신 잘하고 있다

꿈도 병원 꿈을 꾸고, 꿈에서도 일을 했다.

저녁이 있는 삶, 여유가 있는 삶. 그것까지는 바라지도 않는다.

그저 병원 밖의 삶을 바랄 뿐이다.

처음 일을 하며 가장 궁금했던 것 중 하나는 시간이 지나면 일이나 이 부담감들이 나아질까 하는 것이었다. 과연 나아지기는 하는 것인지, 그때까지 시간은 얼마나 걸리는지 말이다. 궁금하다고 표현했지만 사실은 확신이 있었으면 하는, 뭐라도 붙들고 싶은 마음이었다. 그래서 막막한 마음에 책도 찾아보고, 윗선생님들께 살포시 여쭤보기도 했다.

다양한 의견과 책들을 참고하면 결론은 '분명 나아진다'는 것이었다. 그리고 그 기간은 대략 2, 3년 정도인 것 같다. 처음에는 나도 1년만 버티자고 생각했었다. 하지만 1년이 지나도 크게 바뀌는 건 없었다. 출근이나 인간관계의 심적 부담감은 조금 나아졌지만 일은 아직도 가야할 길이 멀었다. 물론 같은 간호사라도 분야가 다르고 일이 다양하므로 보편화는 힘들다. 하지만 전문직이고 기술 숙련에도 시간이 걸리니 최소한 1년은 지나야 하는 것 같다. 그리고 신규 간호사 시기를 지나면 공부나 성장은 이제 스스로의 몫이다. 시간이 지난다고 저절로 똑똑해지고 무조건 성장하지 않는다. 의료계의 변화는 빠르고, 의학이 나날이 발전하는 만큼 간호사는 평생 스스로 공부해야 한다. 그러나 역시 백지 같은 신규 간호사 때는 알아야 할 것들이 너무 많다. 일을 떠나서도 병원의 시스템, 전산 체계, 물품 위치 등 기본적으로 익숙해져야 할 것들이 많다. 이래저래 정보 주입량이 많으니 실수도 잦고, 우선순위를 모르는 만큼 만날 혼나기만 한다.

그렇지만 당연하게도 일하는 데 누구나 자신에게 맞는 속도가 있는 법이다. 똑같이 시작해도 누군가는 조금 늦고, 누군가는 조금 빠를 수밖에 없다. 그래서 동기와 비교를 받을 때면 유독 더 속이 상했다. 사실 누가 비교하지 않아도 내 눈에도 보인다. 똑같이 시작한 것 같은데 나는 좀 더 더딘 것 같고, 뒤처지는 것처럼 느껴져서 혼자 자책도 한다. 그런데 그것마저 당장 눈에 보이는 아주 작은 차이일 뿐 사실 멀리서 보면 티도 나지 않을 만큼이다. 결국 끝까지 남는 사람이 이기는 거라고 한다. 우리가 늘 간과하지만 사람마다 일에 익숙해지는 속도가 다를 뿐이다. 중요한 건 앞으로 나아가고자 하는 방향이다.

자고 일어난 우린 어제의 나보다는 분명 무언가 성장했다. 하루하루 열심히 하고 있는 것 같기는 한데 끊임없이 부족하고, 발전이 없어 보이던 때 나는 그 말이 힘이 되었다. 그저 푹 자고 일어나 오늘 출근하는 것만으로도 내 안의 무언가는 꾸준히 자라고 있다는 그 말이 참 위로가 되었다. 누구 하나 칭찬해 주지 않더라도, 나조차도 알아보기 힘든 변화일지라도 우리는 스스로 토닥토닥 해줘야 한다. 어제의 나보다는 버티기를 하고 있는 오늘의 내가, 좀 더 똑똑하고 좋은 간호사로 한발 더 내딛은 셈이므로. 많은 시행착오와 어려움이 있겠지만 처음부터 잘했던 사람은 아무도 없다. 그러니 잘하고 있다고, 그래도 성장하고 있다고, 오늘의 나를 스스로 쓰담쓰담 해줘야 한다.

간절했던 곳이다

내 친한 지인은 서울의 빅 파이브 병원 중환자실에서 1년간 근무 후 퇴사하였다. 그 후 임용고시를 반 년 정도 준비하였고, 현재 경기도 소재의 고등학교에서 보건교사로 일하고 있다. 중환자실 간호사에서 보건교사로 직업 전환을 한 그녀는 모두가 예상할 수 있는 부러움을 샀다. 흔히 기대하는 답변을 듣기 위해 나도 그녀에게 캐물었지만 사실 직장은 어느 곳이나 비슷한 것 같다는 싱거운 대답만 돌아왔다. 어느 일이나 고유의 고충이 있고, 장단점이 있지만 자신은 보건교사가 더 적성에 맞아서 전체적인 일에 대한 만족도가 높은 편이라고 하였다.

그리고 막상 보건교사가 되어 보니 생각보다 간호사를 꿈꾸는 학생들이 많다고 했다. 진지하게 고민상담도 많이 오는데 짧은 임상경력으로 해 줄 수 있는 말이 적어서 영 아쉽다고 했다. 그녀는 현재 학교 내에서 나이팅게일 동아리를 운영하며 심폐소생술 교육, 간호학과 탐방 등을 도맡고 있다. 이야기를 듣고 나는 과연 누가 그 동아리에 가입을 하나 싶었는데 의외로 많은 인원이 지원을 해서 선발 절차까지 거쳤다고 한다. 간호사를 꿈꾸는 아이들이라. 물론 취업 보장이라든지 현실적인 이유일 수도 있겠다. 나는 그럼에도 새삼 이 직업이 누군가에겐 목표이고, 꿈이 될 수 있다는 게 신기하게 느껴졌다. 학생들이 궁금한 게 많다고, 동아리에 한번 놀러 와달라는 그녀의 말에서 아이들을 생각하는 진심을 느낄 수 있었다.

그렇지만 안타깝게도 실제 간호사들의 직업 만족도는 높지 않은 편이다. 나 역시 행복한 간호사를 꿈꾼다고 하지만 '행복'과 '간호사'라는 단어 조합 자체가 이질적으로 느껴질 만큼 많은 간호사들이 행복하지 않다. 주변에 직업을 소개할 때도 가장 많이 듣는 말은 "힘드시겠어요"이다. 생각해 주는 마음은 고맙지만 어느 순간부터는 이 일이 그저 힘든 일로만 비쳐지는 것이 안타깝게 느껴졌다.

보건복지부는 2018년 간호사 12만 명이 부족하다는 연구결과를 내놓았다. 대한간호협회는 사실이 아니라는 주장을 내세웠지만 사실 여부를 떠나 그만큼 이 직업을 떠나가는 이들이 많다는 것은 분명하다. 간호사들의 직업적 만족도를 깎아내리는 가장 큰 원인은 주변의 불합리한 시선들이 큰 몫을 한다고 생각한다. 각종 매체에서 비쳐지는 간호사의 모습은 현실과 매우 다르다. 실제 간호사는 의사와 거의 평등하게 일을 한다. 굉장히 활동적인 일을 하므로 짧은 치마를 입거나 섹시한 의상을 입지 않는다. 엄연한 의료인이고 전문직으로서 최선을 다하지만 사람들의 시선은 그저 간호사 언니, 아가씨이다.

하는 일에 비해 굉장히 저평가를 받으면서 간호사의 괴리감은 더 깊어간다. 무작정 대우를 개선해달라, 힘든 걸 알아달라는 말이 아니다. 다만 올바른 인식을 갖고 매체의 부적절한 표현은 자제해 주었으면 한다. 생명을 다루는 이 직업의 가치를 훼손시키는 일이 더 이상 없었으면 한다.

이야기가 많이 흘러왔지만 나는 간호사를 꿈꾸는 아이들을 통해 내 간절함을 돌이켜 볼 수 있었다. 버거움에 쉽게 놓아버리고 말지만 돌이켜보면 우리도 참 간절했었다. 몇 달을 준비해서 삼 차, 사 차가 넘는 면접을 통과해 합격했고 부러움을 샀던 직장이다. 국가고시 준비를 할 때는 혹여나 떨어지지는 않을까 어찌나 조마조마했던지. 선후배의 응원을 받으며 몇 달을 열심히 공부하고 뿌듯하게 합격했었다. 나이팅게일 선서를 할 때도 떨리는 마음으로 며칠 전부터 실습복도 준비하고, 선서문도 외우며 설레었다. 그리고 다 같이 숙연하고 진실한 마음으로 선서를 했고, 진짜 간호사가 된 것 마냥 뿌듯하고 기뻤었다.

또한 간호학과 입학성적은 여전히 높은 편이다. 높은 경쟁률을 뚫고 간호학과에 입학해 4년 동안 열심히 공부했다. 1,000시간이 넘는 실습을 하고, 누구보다 열심히 대학생활을 했다. 일을 하다 보니 무뎌지고 쉽게 놓아버리고 말지만 돌이켜 보면 이 직업, 이 직장을 갖기까지 무수히 많은 노력과 간절함이 있었다.

우리의 시행착오를 위하여

간호사로서의 인생은 길고, 임상 간호사뿐만 아니라 다양한 분야로 진로를 확장할 수 있다. 하지만 임상, 병원에서의 경력은 대학교 졸업 후 지금이 아니면 어려울 것 같았다. 실제로도 다양한 진로로 뻗어 나가기 위해선 병원 경력이 최소한 3년에서 5년은 필요하다. 그래서 나도 대학병원에 입사하게 되었다.

굳이 적성을 따진다면 나는 중환자실 적성은 아니다. 무뎌지지 않은 감정 탓에 아직도 종종 죽음과 슬픔이 버겁다. 사실 누구에게라도 중환자실은 힘든 곳이다. 연차가 낮은 사람뿐만 아니라 일 잘하고 훌륭하신 윗선생님들도 이곳을 떠나고 싶어 하시는 모습을 종종 보았다. 물론 이 직장이 최선이 아니고, 내가 있는 이곳이 최적은 아닐 수 있지만 그럼에도 그 안에서 기쁨과 이유를 찾는 건 필요했다. 나는 결국 지금 이 길 위에 서 있고, 이 길이 지금의 내 길이므로. 이 작은 무리 안에서도 나는 많은 이들의 도움으로 더디게 성장해 가고 있고, 훗날 그 도움은 내리사랑으로 보답해야 할 것이다. 그리고 그 안에서 기쁨을 찾고자 하는 노력 또한 계속해야 할 것이다.

> 불행하게 버티는 대신 행복하게 고생하는 일이야말로 복잡한 우리의 삶을 심플하게 만들어주는 핵심원칙이다.
>
> 정은길, 《나는 더 이상 여행을 미루지 않기로 했다》 중

이십 대 초중반 또래에 비해 일찍 사회생활을 하고, 고생하고 있는 당신. 그 괴로움과 버거움을 잘 알지만 다만 이제는 물러설 수 없는 어른임을 인식해야 한다. 물론 사회의 잣대는 중요하지 않다. 스무 살에는 대학교에 가야 하고, 스물다섯 살에는 취직을 해야 하고, 삼십 대 초반에는 결혼을 해야 한다는 식의 나이에 잣대를 맞춰 삶을 평가하는 것은 옳지 않다.

다만 그 나이 대, 그 시기에만 할 수 있는 경험이 있다. 마치 일곱 살 유치원생의 재롱잔치와 초등학교 6학년의 학예회가 다른 것처럼. 그 나이, 그 시기에만 해 볼 수 있는 경험, 깨달음이 있다고 생각한다. 이십 대 초중반의 우리가 정신적 경제적으로 독립을 하고 험난한 사회생활도 겪는 게 가혹하게 느껴질 수 있다. 하지만 더 늦게 경험하는 것보다는 지금이 적당하고, 그게 최선이라고 생각한다. 우리는 더 이상 피할 수 없는 어른이고 내 삶의 주인이므로.

Here's to the ones who dream

Foolish, as they mayseem

Here's to the hearts that ache

Here's to the mess we make

꿈을 꾸는 그댈 위하여

비록 바보 같다 하여도

상처 입은 가슴을 위하여

우리의 시행착오를 위하여

위의 글귀는 영화 라라랜드에 나오는 명대사이다. 영화 라라랜드는 재즈 피아니스트 '세바스찬'(라이언 고슬링)과 배우 지망생 '미아'(엠마 스톤)가 꿈을 이뤄가는 과정을 담은 뮤지컬 영화이다. 감독상, 음악상, 주제가상을 비롯해 아카데미 시상식 6관왕을 수상한 이 영화는 국내 관객 수 350만 명을 기록하였다. OST도, 영화 내용도, 연출도 다 좋았지만 나는 특히 그녀가 처음 자신의 일인극을 시연하고 관객들에게 외면받고 괴로워하는 장면이 찡하게 다가왔다.

끊임없이 오디션에 지원하지만 매번 떨어지고 좌절하던 중에 미아는 세바스찬을 만난다. 둘은 서로의 꿈을 응원하고, 미아는 세바스찬과의 대화를 통해 자신이 진짜 하고 싶은 것은 자신만의 일인극이라는 걸 깨닫는다. 그녀는 아르바이트도 그만두고 몇 달간 직접 대본을 쓰며 일인극을 준비한다. 그리고 드디어 공연을 올렸지만 결과는 냉정했다. 몇 안 되는 관객들은 썰렁한 반응을 보이거나 험담을 감추지 않는다. 보잘것없이 부서져버린 꿈 앞에서 미아는 좌절하고 고향으로 도망치듯 떠난다. 훗날 배우로 멋지게 성공하는 그녀지만 나는 그녀의 실패와 좌절이야말로 인간적이고 아름다운 모습으로 보였다. 꿈을 이루기 위해 아등바등하고 있는 모습, 상처받은 모습이 꼭 내 모습 같았다.

사실 그녀의 좌절과 실패는 꿈과 성공만큼이나 빛나는 과정들이었다. 비록 그녀의 눈에는 실패로밖에 보이지 않았지만 관객들이 볼 때 그 시행착오와 좌절들은 없어서는 안 될 과정 같았다. 우리도 그렇다. 당장은 내 부족한 점과 괴로움만 보이지만 우리는 분명 꿈을 이뤄가는 길 위에 있다. 그 시행착오도 좌절도 결국 꼭 필요한 과정이다. 그러므로 나는 오늘도 당신 참 잘하고 있다고 말해 주고 싶다.

꿈을 꾸는 그댈 위하여.

상처 입은 가슴을 위하여.

우리의 시행착오를 위하여.

Part 2

삶과 죽음의 숨소리

미운 오리 새끼의 취업설명회

이 글은 미래의 신규 간호사인 간호학생들에게 들려 드리는 이야기입니다.
실제 취업설명회 발표 원고를 바탕으로 작성하였습니다.

어디에 있든, 무슨 일을 하든
부디 여러분이 행복한 간호사이기를 바랍니다.

안녕하세요, 후배님들! 11학번 노은지라고 합니다. 우리 병원 합격자를 대표해서 제가 취업설명회를 하게 되었습니다. 이 취업설명회는 면접 후기, 취업 준비 과정, 병원소개 등을 공유하는 자리입니다. 다른 합격자 친구들도 있지만 제가 굳이 이 취업설명회를 맡은 이유는 작은 희망을, 누구나 할 수 있다는 메시지를 전하고 싶어서입니다.

겉도는 아이

부끄럽지만 저는 1, 2학년 때까지 공부를 매우 못했어요. 하기가 싫었거든요. 한 번도 간호학과를 진로로 생각해 본 적 없었고 그저 수능 성적에 맞춰, 부모님의 기대에 맞춰 오게 되었습니다. '내가 원한 건 이게 아닌데' 하는 생각은 점점 더 커졌고, 막연히 다 거부감이 들었습니다. 게다가 공부할 내용은 또 왜 이렇게 많고, 어려운지. 학과에 적응하는 데 시간이 오래 걸렸습니다. 그래도 밖에서는 이제 갓 피어난 스무 살의 나로서 자유롭고 즐겁게 대학생활을 했습니다. 여행 동아리 회장에, 대외활동도 끊임없이 하고, 학과를 벗어나서는 활동적인 편이었습니다.

그러나 남들 다 하는 걸 안 하면 그 그룹에선 이상한 사람 취급을 받죠. 간호학과 친구들이라면 다 하는 것, 공부를 멀리하면서 점차 이방인이 됐습니다. 수업도 맨 뒷자리, 그마저 지각을 하거나 결석인 날도 많았습니다. 학과 공부를 멀리하다 보니 학과 친구를 사귈 기회도 자연히 없었습니다. 그렇게 점차 교수님도 동기들도 누구 하나 신경 쓰지 않는 아이가 되었습니다. 또 학과에서는 조용하고, 문제아 취급을 받는데 밖에서는 날아다니는 것처럼 보이니 소문은 더 무성해졌고 한층 더 이상한 아이가 되었지요. 백조들 틈에 미운 오리 새끼마냥 그렇게 1, 2년을 겉돌기만 했습니다.

그리고 3학년, 전공 공부도 더 집중적으로 들어가고, 실습을 하면서 간호사에 흥미가 생겼습니다. 저는 운 좋게 분만실, 수술실, 일반 병동, 암 병동 등 다양한 곳에서 실습을 할 수 있었어요. 실습을 하면서 병원생활을 직간접적으로 경험하며 오히려 진로를 포기하는 친구들도 종종 있습니다. 저는 다행히 실습을 통해 더 흥미가 생겼고요. 책으로만 보던 딱딱한 지식을 현장에서 적용해 보고, 또 그 이로움을 눈으로 직접 보니 간호라는 일이 더 의미 있게 느껴졌습니다. '그래, 내 직업이 이렇게 누군가에게 도움이 될 수 있는 일이라면 할 만하지 않을까?' 하는 생각이 들었습니다.

그런데 이런, 간호학과는 취업을 4학년 초기에 하죠. 대개 4학년 1학기에 원서를 쓰니까 성적은 3학년 때까지가 전부입니다. 취업 전까지 시간이 매우 부족했습니다. 대학병원 서류 접수 기준이 최소 총점 3.0 이상인데 부끄럽게도 제 1, 2학년 성적은 총점 3.0이 채 안 되었거든요. 계산해 보니까 3학년 말까지 2학기 내내 A^+를 맞아야 겨우 3.0을 넘을 수 있겠더라고요. 부끄럽지만 그렇습니다. 여태까지 전공에서 A는 구경도 못 해 봤고, 'All A^+'이라니 말도 안 된다 싶었지만 그래도 그 때부터 공부를 열심히 하기로 마음먹었습니다.

나 자신과의 싸움

한 달에 최소 한 번씩 가던 여행도, 매주 가던 동아리도 덮어놓았습니다. 친구들도 학기 시작, 끝날 때 딱 그 두 번 주말만 만났습니다. 전에는 지각해서 맨 뒤에서 졸던 게 일상이었는데 마음먹은 후로는 잠도 줄이고, 일찍 가서 맨 앞자리에 앉았습니다. 말로만 듣던 그 예습 복습을 직접 해 보니까 수업이 안 졸리더라고요. 전공 과목 자체도 어렵고, 수업진도도 빨라서 끝나고 바로 복습하고 전날에 예습해 가는 것만으로도 부지런이 필요했습니다. 그리고 그제야 대학교의 심화공부, 교수님의 강의가 귀하게 와 닿았습니다. 질문도 생기고 수업이 흥미롭기까지 했습니다. 혹시나 놓치는 게 있을까 봐 강의를 녹음해 가서 복습하고, 동기들과 스터디도 하고. 힘들지만 전에 없던 성취감을 느끼며 열심히 공부했습니다.

시험기간에 상관없이 매일 도서관에 갔습니다. 도서관 이동시간이 애매할 때면 수업 끝나고 강의실에 남아서, 기숙사 혹은 과 휴게실 등에서 가리지 않고 공부했습니다. 사실 저뿐만 아니라 3학년 때는 모두가 공부를 정말 열심히 할 때입니다. 취업 전 마지막 학점을 결정하는 때라 도서관은 늘 간호학과의 노란 과 잠바로, 노란 물결을 이루었죠. 상대평가인 만큼 동기들이 경쟁 상대였지만 저는 그 시간이 그저 저 자신과의 싸움이었던 것 같습니다. '그래, 내가 진짜 할 수 있나 보자' 하는 마음이었습니다.

물론 공부를 하면서도 불안한 마음은 계속 들었습니다. '과연 이런다고 성적이 오르긴 오를까. 대학병원은 이제 와서 무리가 아닌가.' 하는 생각도 들었습니다. 하지만 그런 고민을 하는 시간도 제겐 사치였고, 계속 공부하는 수밖에 없었습니다. 돌이켜 생각해 보면 내 노력의 결과를 계산하면서 결과에 집착했더라면 그만큼 열심히 하지 못했을 것입니다. 그저 저 자신에게 최선을 다한다는 마음으로 집중했습니다. 그리고 드디어. 전공 일곱 과목 중 한 과목 B⁺를 빼고 전부 A⁺를 받았습니다. 처음 받는 A⁺였고, 모두가 열심히 공부하는 3학년 때인 만큼 기쁨이 남달랐습니다. 무엇보다 기쁜 건 '할 수 있구나' 하는 자신감을 얻은 것이었습니다. 그렇게 총점 3.2점으로 겨우 대학병원을 지원할 수 있게 되었습니다.

하지만 성적은 지원자격을 얻은 것뿐이었고 여전히 갈 길은 멀었습니다. 사실 한두 학기 성적이 전부는 아니니까요. 그래서 토익 공부도 열심히 하고, 면접스터디도 일찍부터 준비했습니다. 3학년 마지막 겨울 방학에는 토익을 두 달 정도 공부하였고, 팔백 점 대의 성적을 얻었습니다. 면접스터디는 4학년 시작하자마자 개별 면접, 그룹 면접 멤버로 몇 개의 그룹으로 나눠서 준비했습니다. 확실히 면접스터디를 해 보니 혼자 준비할 때보다는 도움이 많이 되었습니다. 서로 녹화와 녹음을 해서 봐 주고, 면접관의 눈으로도 봐 보니 혼자서는 안 보이던 것들이 보였습니다. 또 '뻰 선배'라고 직속 선배분의 조언도 큰 도움이 되었습니다. 그렇게 차근차근 준비를 하며 원하는 병원에 세 군데 정도 지원을 하였습니다.

그리고 마침내, 지금 있는 병원에 5차 면접 끝에 최종합격할 수 있었습니다.

사실 저는 여러 군데 지원했던 게 아니어서 그 부분에서는 도움이 안 될 수도 있습니다. 그저 제 면접에서의 소신은, 끝까지 합격할 수 있다는 마음으로 저 자신을 드러냈던 것이었습니다.

저희 병원은 특이하게도 토론 면접이 있었습니다. 면접 몇 분 전에 한 가지 주제를 알려 주고 정보를 검색할 시간을 짧게 줍니다. 그리고 찬성 반대 입장을 면접장에서 정해 주고, 토론을 하는 것이었습니다. 같이 면접을 하는 친구들을 보며 느꼈던 점은 핵심을 잃지 말아야 한다는 것이었습니다. 결론은 말을 잘하는 사람을 뽑는 게 아니라 간호사를 뽑는 것이니까요.

또 눈빛과 태도가 중요하다고 느꼈습니다. 말을 아무리 잘해도, 눈빛에서 자신감이 없으면 그 화려한 말이 오히려 설득력을 잃는 것 같았습니다. 누구나 긴장하고 떨 수는 있지만 소신과 확신이 있는 말과 태도라면 진심은 전해지는 것 같습니다. 최종 면접에서 제가 합격했던 순간도 마지막 자신 있게 웃으며 마주쳤던 병원장님과의 눈빛교환 순간이 아니었을까 하는 생각이 듭니다.

물론 제 병원이 누구나 이름을 들으면 알 만한 서울의 대학병원은 아닙니다. 그래도 전 제가 선택했고, 절 선택해 준 제 직장에 늘 감사한 마음을 갖고 있습니다.

지레 포기하지 말고, 지레 자만하지 말고

제가 제 창피한 이야기를 이렇게 길게 늘어놓은 건 이건 저만 할 수 있는 이야기이기 때문입니다. 성실히 공부 잘하고, 학과 생활을 열심히 한 친구들 틈에서 저는 별종이고 미운 오리 새끼였습니다. 주눅 들지 않았다면 거짓말이에요. 그래도 이 미운 오리 새끼도 대학병원에 합격하고, 지금도 간호사 생활 하고 있으니까 여러분도 누구나 할 수 있습니다.

저는 사실 막바지에 바짝 공부한 편이라 1학년 때부터 성실히 공부했던 친구들과는 좀 달라요. 좋은 케이스는 아니죠, 사실. 그러나 저는 남들이 볼 때 그저 논 것처럼 보였을 수도 있는 그 시간들이 결코 부끄럽거나 후회되지 않습니다. 그때 무엇보다 귀한 공부를 했거든요. 동아리 활동도 하고, 미국 간호사 연수도 다녀오고, 꿈 도전단 등 다양한 대외활동을 하면서 제 세상을 넓혔습니다. 제 자신에 대해서도 알게 되고, 다양한 경험들을 통해 자존감도 높아졌습니다. 그리고 내 꿈, 간호사가 정말 하고 싶은지에 대해서도 진지하게 고민하였습니다. 처음 입학할 때는 부모님의 의지로 간호사의 길을 가게 되었지만 지금은 제 자신의 의지와 선택으로 간호사를 꿈꾸게 되었습니다. 그건 아주 큰 차이이고, 축복이라고 생각합니다.

간호학과, 대학교 울타리 안에 있으면 성적으로 줄 세워지게 됩니다. 하지만 대학교 때 성적이 간호사로서의 자질을 평가하는 것 같지는 않습니다. 누구는 빅 파이브 병원에 가고, 누구는 못 가고…… 그 안에서는 그게 전부인 것 같지만 결코 그렇지 않아요. 간호사라는 직업에는 성적, 공부보다 더 중요한 것들이 많으니까요.

또 간호사는 꼭 병원이 아니어도 다양한 진로 확장이 가능하죠. 개인적으로는 대학교 때 무엇보다 충분히 고민하는 시간을 가져보기를 권합니다. 진로에 대한 충분한 고민, 자신에 대해 알아가는 시간이야말로 대학교 때만 누릴 수 있는 기회라고 생각합니다. 그리고 그 시간이 훗날 여러분이 직업, 내 일을 갖게 되었을 때 누구보다 자신을 붙들어 주고, 나아갈 수 있는 힘을 줄 것입니다.

지레 포기하지 말고, 지레 자만하지 말고. 그저 진로에 대해 충분히 고민해보고 각자에게 맞는 병원을 잘 선택할 수 있기를 바랍니다. 어디에 있든, 무슨 일을 하든 부디 여러분이 행복한 간호사이기를 바랍니다.

간호사는 처음이라

신규 간호사로 1년을 보내고 다른 길을 선택한 친구의 이야기를 들려 드립니다.

"후회 될 때도 있어. 부끄럽지만 그 1년도 나에겐 과분한 시간이었고
많은 것을 배웠어. 일을 아직 선택하지 않았을 때,
내가 무엇을 잘하고 좋아하는지 끊임없이 고민해야 해."

안녕하세요. 경기도 모 고등학교에서 보건교사로 첫해를 살고 있는 김현지라고 합니다. 규칙적인 생활을 동경한 재작년의 삶이 떠오르네요. 지금은 이 삶을 당연하듯 살아가고 있습니다. 우선, 간호학과에 재학 중인 분들 공부량이 엄청나죠? 주변 친구들과 환경이 주는 압박감도 심하고요. 저는 공부를 정말 열심히 했습니다. 삼수를 해서 들어온 만큼 욕심도 컸고, 공부 잘해서 좋은 병원에 가고 싶었습니다. 하지만 우리는 왜 공부를 해야 할까요? 저는 간호사의 공부는 평생 따라다니는 것이라고 생각합니다. 임상을 가든 혹 다른 곳에서 일을 하든 말입니다. 물론 대학생 때 열심히 공부를 했더라도 곧 까먹고 말지만 어떤 내용이 궁금할 때 그것을 '찾아볼 수 있는 능력'을 갖추는 건 중요합니다. 즉, 공부의 목적은 학점 플러스 알파여야 합니다.

이 알파를 어떻게 효과적으로 만들 것인가에 대해 이야기해 보겠습니다.

1. 단권화

저는 졸업 후에도 공부한 책들을 버리기가 아까워 지금도 갖고 있습니다. 학교에서 아이들에게 질병에 대한 정보를 말해야 할 때, 예전 책을 다시 폅니다. 어느 내용이 어디에 있다는 것 정도만 알면 찾기가 매우 수월합니다. 그 안에는 제가 적었던 필기, 다양한 색으로 밑줄 친 것들, 그때 제가 고민했던 것들(저는 공부를 하면서 제 지금 현재의 감정이나 고민을 적곤 했습니다)을 보면, '이때 내가 이런 생각을 했구나.' 하고 보는 재미도 쏠쏠하지만 내용도 빨리 흡수됩니다. 즉, 한 교과서에 모든 내용을 정리하세요. 필기도, 참고자료도, 프린트도 심지어 짧은 메모도요. 나중에 찾아보기도 더 쉽고 생생한 자료가 됩니다.

2. 메타인지 활용

다음 주가 해부학 시험이라고 가정해 봅시다. 하지만 동아리 일과 친구와의 관계, 남자친구 등 다양한 일들로 마음이 번잡합니다. 이때 제가 활용한 방법은 지금 내 감정과 고민을 교과서에 일기를 쓰듯 적는 것이었습니다. 그렇게 적고 나면 감정이 정화되거나 해결책을 발견하게 되기도 하고, 그렇지 않더라도 무언가 해소되는 느낌이 들어 공부하기가 한결 편했습니다. 이를 한마디로 표현하자면 메타인지를 활용하는 것입니다. 자신의 감정을 빨리 알아차리고 공부를 할 수 있는 환경을 만들어 자신의 학습과정을 조절하는 것입니다. 이러한 메타인지를 활용하면 내게 맞는 공부방법, 공부시간, 공부환경을 알아차려 효과적으로 공부할 수 있습니다.

3. 친구 활용

설명하면서 공부하는 것은 혼자 공부할 때와는 완전 다른 깨달음을 줍니다. 저는 이 책의 저자인 노은지 간호사와 학부시절 일대일 스터디를 하곤 했습니다. 저희가 했던 스터디는 그냥 책을 쭉 소리 내어 읽고, 서로 설명해 주는 것이었습니다. 돌아가면서 책을 읽다보면 아하! 새롭게 발견하게 되는 것들이 생깁니다. 또 서로 "이건 왜 그렇지?" 하고 질문을 하면서 평상시엔 스쳐지나가던 것들도 의문을 갖고 더 깊이 있게 파고들게 됩니다. 그래서 눈으로만 보는 것이 아니라 입으로 소리 내서 읽고, 함께하는 공부를 추천하고 싶습니다.

4. 수업 후 바로 복습

위 세 가지가 너무 이상적이다 싶은 분들도 마지막 방법은 꼭 실천해 보길 추천합니다. 저도 처음부터 강의를 듣고 바로 복습을 했던 것은 아니었습니다. 한 강의가 2시간에서 4시간 정도인데, 어려운 내용 투성이라 그날 저녁이나 다음날 복습을 하면 내가 써 놓은 필기조차 무슨 말인지 모르는 게 많았습니다. 그러던 어느 날 강의를 듣고 시간이 남아 빈 강의실에서 방금 배운 내용을 바로 복습을 해 보았습니다. 이때 복습은 특별할 것도 없이 배운 내용을 쭉 읽어보고 연필로 썼던 필기를 펜으로 다시 바꾸는 작업 정도였습니다. 그런데 방금 전에 들었던 설명이니 이해도 더 잘 되고, 복습 시간도 짧게 걸렸습니다. 그래서 저는 빈 강의실 혹은 도서관을 활용해 수업 후 1시간 내로 바로 복습하는 것을 추천합니다.

시험기간 도서관은 간호학과 과잠바로 가득 찹니다. 벼락치기의 실력자들이 모인 이곳에서 나름 좋은 성적(졸업 총점 4.2점(4.5 만점), 매 시험마다 5등 이내)을 유지할 수 있었던 것은 위와 같은 방법을 꾸준하게 실천한 덕분입니다.

내가 바라보는 '나'

저는 임상에서 잘 적응하지 못했습니다. 타인에게 보여지는 저는 꼼꼼하지 못한 태도로 실수를 남발했습니다. 그에 따라 사건보고서를 꽤나 자주 쓰는 사람이었습니다.

병원은 상처를 받을 수밖에 없는 환경이었고, 저는 최대한 덜 받으려고 노력했습니다. 제가 삼수시절 읽었고 지금도 여전히 좋아하고 있는 은희경의 소설 ≪새의 선물≫의 주인공 진희는 지극히 냉소적이고 객관적인 사람입니다. 스스로의 상처를 감추기 위해 어렸을 때부터 타인들에게 보여지는 '나'와 그것을 바라보는 '나'로 자신을 분리시키는 연습을 합니다. 지난 1년간 제가 했던 과정들을 한마디로 표현하기 어렵지만, 내가 바라보는 '나'를 우선시하려고 투쟁했던 과정이란 생각이 듭니다.

저보다 늦게 들어온 동기들이 병동에서 조금씩 자리 잡고 인정받는 사이, 저는 여전히 남들에게 불안을 유발하고 근무표를 채우기 위해 필요한 존재같이 느껴졌습니다. 저 스스로 그것을 느끼면서도 인정하기가 힘들었습니다. 왜냐하면 그렇게 생각하면 저는 병원에 있어야 할 이유가 없었기 때문입니다. 당장 나가야 할 것 같았습니다. 그래서 본능적으로 나를 바라보며 '그래 일은 못하지만 버텨야 하는 이유가 분명히 있을 거야. 그리고 잘할 수 있는 일이 어딘가에 있을 거야'라고 합리화했고, 나를 찾기 위해 고민했습니다. 타인의 인정을 넘어서 나 스스로 나를 긍정하기 위한 노력이었습니다.

모든 것을 결정짓는 '순간'

이와 같은 환경 속에서 고민을 하면서 그만두어야겠다고 생각한 가장 큰 계기가 있었습니다. 독립 후 일한 지 몇 달이 지나서였는데, 데이 근무 중 맡게 된 환자 한 분이 TPN을 40cc/hr로 맞고 계셨습니다. 이 TPN은 KCl이 꽤 큰 용량 섞여 있었던터라 유심히 보게 되었습니다. 한편 제가 있었던 중환자실은 TPN을 매일 오후 2시에 새로 믹스합니다. 정신없이 일하고 있었던 그날, 제가 미처 TPN을 챙기지도 못하고 있을 때 절 뒤에서 도와주신 윗연차 선생님께서 저 대신 TPN을 교환해 주셨습니다. 그리고 오후 3시 인계시간이 다가왔고, 마침 저를 부르는 제 뒷턴 선생님(동일한 환자를 보는 이브닝 선생님)의 목소리가 들려 가보니, 충격적이게도 제 눈앞에서 TPN이 200cc/hr로 들어가고 있었습니다. 이미 1시간 이상 주입된 상태였고요. 어떻게 된 일인지 묻는 선생님께 무슨 말을 해야 하는데, 제가 TPN을 바꾼 것이 아니어서 내가 했다고 말할 수도 없고 머릿속이 복잡했습니다. 일단 의사에게 노티를 했고, 환자의 칼륨 수치를 확인하는 혈액검사를 했습니다. 그때 저는 아무리 생각해도 제가 인퓨전 펌프 infusion pump를 만진 기억이 없었습니다. 그래서 대신 일을 해 주셨던 윗연차 선생님께 전화를 걸어 이 상황을 말씀드렸습니다. 제 목소리에 '내가 안 했어요'가 담긴 의도를 간파한 선생님은 불쾌함을 표현하셨고 병동의 선생님들은 제가 도와준 선생님에게 일을 뒤집어씌우려고 한다고 생각했습니다. 환자의 칼륨 수치는 다행히 크게 오르지 않았고, 이 상황에 대한 원인을 파악하기 위한 논의가 벌어졌습니다. 저는 아무리 생각해도 2시 이후로 인퓨전 펌프를 만진 적이 없었습니다. 그렇기에 왜 200cc/hr로 5배가 되는 수액이 주입되고 있었는지를 설명할 수가 없었습니다. 급기야 CCTV를 돌려 제 말이 맞는지 확인하는 지경까지 이르렀고, CCTV 속에는 제가 2시 이후 TPN 라인을 확인하고, 인퓨전 펌프의 버튼을 누르는 장면이 명백하게 찍혀 있었습니다.

그 당시 제 머릿속은 너무 복잡했습니다. 빨리 잘못을 인정하고 반성하지 못하는 제 모습이 혐오스러웠고 병동에서 구설수에 오르는 상황도 힘들었습니다. 누군가 나를 비판하는 상황보다 더 힘들었던 것은 제 기억이었습니다. '왜 나는 기억을 하지 못했을까. 왜 내가 분명히 해놓고도 그것을 안 했다고 생각했을까.' 마치 뇌가 무의식적으로 너무 힘든 기억을 지운 듯한 느낌이었습니다. 이때가 제가 느낀 한계상황이었습니다. 이 일을 계속 하지 못하겠다는 생각, 이 곳에 내가 있으면 안 되겠다는 생각을 하며 저는 차츰 병원 이후의 삶을 준비했습니다.

선택에 따르는 '후회'

결론적으로 그런 생각으로는 임상에서 오래 있기가 힘들었고 저는 '포기'를 선택했습니다. 그리고 후회할 겨를 없이 바로 임용시험을 준비했습니다. 현실적인 이유와 제 적성을 고려한 선택이었습니다.

"좀만 더 하지, 후회되겠다. 2년은 해야지."

"아니, 병원보다 학교가 나으니까 잘 나온 거지."

많은 사람들이 저를 두고 자신의 기준으로 이야기하곤 합니다. 물론 저도 더 버티지 못한 것이 후회가 됩니다. 당시가 한계상황이었던 건 맞지만, 시간이 지나면 괜찮아졌을 수도 있지 않을까 하는 아쉬운 생각도 들었습니다. 하지만 저는 병원에서의 실패로 처절하게 깨달았습니다. 학교 다닐 때 칭찬만 들었던 내가 일도 잘할 수 있을 거라고 생각했던 것이 얼마나 교만한 생각이었는지, 사실은 내가 얼마나 부족하고 한계가 많은 존재인지 느꼈습니다. 또한 내가 무엇을 좋아하고 잘할 수 있는 사람인지 치열히 고민하는 시간을 가지며 비로소 성장하였습니다.

그렇게 지금 보건실이란 공간에서 병원에서의 경험을 꺼냅니다. 바로 제가 만나는 학생들에게 말이지요. 학교에서 보건교사의 업무가 여러 가지 있지만 고등학교이다 보니 간호학과를 지망하는 학생들과 대화할 일이 많습니다. 제 임상경험을 묻는 학생들에게 병원과 그리고 제 솔직한 이야기를 해 주고 있습니다.

"후회 될 때도 있어. 부끄럽지만 그 1년도 나에겐 과분한 시간이었고 많은 것을 배웠어. 일을 아직 선택하지 않았을 때, 내가 무엇을 잘하고 좋아하는지 끊임없이 고민해야 해."라고 말입니다.

마지막으로 간호사가 되고 싶은 학생들에게 하고 싶은 이야기로 글을 마무리 짓겠습니다.

1. 자존감

대부분의 학생들이 마찬가지겠지만, 간호학과에 다니는 학생들 중 대다수는 타인의 인정에 의해 동기부여를 받는 사람이 많을 겁니다. 하지만 병원은 인정을 받기 힘든 곳입니다. 그러다 보니 자존감이 떨어질 수밖에 없습니다. 병원 환경을 잘 표현하는 삼교대는 '같은 환자를 다른 간호사가' 보는 것입니다. 다른 간호사가 간호했던 환자를 내가 보고, 내가 간호한 환자를 그 다음번 간호사가 봅니다. 즉 일이 연결되어 있습니다. 앞에서 실수한 것을 내가 발견하지 못하면 곧 내 잘못이 됩니다. 내가 무언가 잘못하거나 늦게 하면 다음 번 간호사에게 피해가 갑니다. 그렇기에 간호사들은 예민할 수밖에 없습니다. 그 예민함을 표현하는 방식이 상황과 인격에 따라 달라질 뿐이겠죠.

저는 병원 환경을 인정하고 가되, 타인에 의해 인정받고자 하는 마음을 내려놓고 스스로 인정하며 살아가길 당부 드리고 싶습니다. 저도 여태껏 모범생으로 살았었습니다. 하지만 병원에서 저는 민폐였고 도움이 안 되는 존재였습니다. 그런 일을 겪는 건 힘들었지만 그래도 그 경험을 통해 타인의 인정으로 살아왔던 삶의 습관을 내려놓을 수 있었습니다. 어떻게 자존감을 기를지에 대해서는 개인적으로 더 고민해 보길 바랍니다.

2. 적성

저는 적성의 중요성에 대해 이야기하고 싶습니다. 장점이란 '잘하는 것'이 아니라 '관심 있고, 배우려는 열정이 있으며, 지속적으로 하고 싶어 하는 분야'라고 합니다. 반대로 약점은 아무리 잘하는 기술이 있더라도 '하고 싶어 하지 않는 것'이라고 합니다.

저는 본인의 장점과 약점을 파악하고, 이 일이 자신의 적성에 맞는지 진지하게 생각해 봤으면 좋겠습니다. 사실 우리가 직업을 선택하는 기준은 여태껏 너무나 형편없었습니다. 주변 사람들의 조언에 따르거나 익숙하고 안정적으로 보이는 직업을 선택하는 경우가 대다수입니다. 여기서도 기준이 '나'가 아닌 '남'이 될 때가 많다는 거죠.

적성을 찾기 위해 제가 했던 방법 중 하나는 현직에서 일하는 사람들을 직접 만나보는 것입니다. 예를 들어 저는 3학년 때 아산병원 수술실 간호사 선배를 만나러 간 적이 있었습니다. 선배의 생생한 현장 이야기를 들으며 저는 제 적성과 장단점을 돌아보게 되었습니다. 실습도 비슷한 맥락으로 도움이 되겠지요. 간호학생 때 '나'를 기준으로 적성에 대한 치열한 고민을 꼭 해 보길 바랍니다.

탄생의 순간

당신은 사랑받기 위해 태어난 사람 ♫

당신의 삶 속에서 그 사랑받고 있지요 ♫

눈물과 웃음이 함께하는 행복한 순간, 바로 탄생의 순간이다.

내가 처음 본 탄생의 순간은 스물둘, 간호학과 3학년 때였다. 첫 실습지로 대학병원 분만실을 가게 되었다. 그런데 실습을 다녀온 선배들 얘기를 들으니 덜컥 겁이 났다. 분만 과정을 보다가 기절하거나, 피 냄새를 못 맡아 도중에 뛰쳐나오는 경우가 제법 많다고 했다. 분만 자체는 아름답고 고결하지만 현실은 피비린내와 산모들의 고통이 생생하게 따른다고 하였다. 막연히 과장인 줄만 알았는데 실제로 경험하였을 때 조금 버겁기는 하였다. 내 바로 옆에서 함께 분만을 지켜보던 한 친구도 도중에 반실신하여 실려 나가기도 하였다.

나는 전공 과목 중 모성간호학이 가장 흥미로웠다. 그래서 첫 실습 부서로 분만실이 배정되었을 때 매우 기뻤다. 실제로 분만을 볼 수 있다는 생각에

"와우 감사합니다!" 하고 옆자리에 있던 친구와 박수까지 쳤다. 물론 내가 피를 볼 수 있는 사람인지 아닌지 확신할 수 없었지만 마냥 기뻤다.

하지만 막상 실습을 가 보니 자연분만을 보지 못하고 실습 이 주가 거의 끝나가고 있었다. 사실 대학병원 분만실은 정상 분만 자체가 드문 편이다. 일반적인 케이스의 산모는 3차 병원까지 오지 않는다. 대학병원은 고위험 임산부들이나 급하게 수술이 필요한 위급한 경우에 찾게 되므로 임부 자체도 적은 편이다. 그리고 분만이란 게 시간을 예측하기 어려운 만큼 운이 따라야 했다. 그래서 여러 가지 이유로 실습이 끝날 때까지 자연분만을 한 번도 보지 못한 친구들도 제법 있었다.

나 역시 이대로 분만을 못 보면 어쩌나 조마조마하던 차에 드디어! 외국인 남편을 둔 서른 다섯의 임부분에게 진통이 왔다. 환자분은 곧장 분만장으로 옮겨지셨고 나와 친구 한 명도 함께 준비를 하였다. 사실 실습생은 지켜보는 것 말고는 크게 할 일이 없지만 마음만은 비장했다. 두근거리는 가슴을 다독이며 겸허하게 손 소독을 하고 멸균가운을 입었다. 수간호사 선생님을 따라 분만장으로 들어가면서 심호흡도 크게 한 번 하였다.

분만은 순조롭게 진행되었다. 산모분이 협조를 잘해 주셔서 몇 번의 힘주기 끝에 아기 머리가 보일 듯 말 듯 하고 있었다. "조금만 더, 조금만 더!" 하고 모두가 한마음으로 산모분을 응원했다. 그리고 회음부가 과하게 찢어지는 걸 방지하기 위해 회음부 일부를 절개하였다. 가위로 싹둑, 하고 살을 자르는데 보는 내가 다 움츠러들었다. 하지만 산모분은 그 냉정한 가위질의 고통조차 느끼지 못할 만큼 이미 정신이 없으셨다. 놀라우면서도 엄두가 안 났다. 그렇게 고통스러운 순간이 흐르고 드디어 "응애!!" 힘찬 울음소리와 함께 아기가 나왔다. 탄생의 순간이었다.

건강한 아이였고, 간호사들의 신속한 손놀림이 이어졌다. 그리고 그 순간에 맞춰 노래까지 흘러나왔다. "당신은 사랑받기 위해 태어난 사람♬ 당신의 삶 속에서 그 사랑받고 있지요♬" 너무나 익숙한 노래였지만 처음 듣는 노래처럼 다가왔다. 간호사 선생님의 손에서 꿈틀거리는 핏덩어리 아기와 감격하는 부부, 그 모든 순간이 영화의 한 장면처럼 느껴졌다.

아기는 이내 엄마 품에 안겼다. 산모분은 그 동안의 고통은 다 잊은 듯 세상을 다 가진 미소로 아이를 맞았다. 이제는 한 아이의 엄마가 된 산모분은 떨리는 손으로 조심스레 아기의 볼을 만지며 말했다.

"안녕 아가야! 내가 네 엄마란다. 반가워."

방금 아빠가 된 남편분도 옆에서 눈물을 감추지 못하고 안절부절 서 계셨다. 그 분은 외국인이셨는데 병실에 입원해 있을 때도 애정표현이 많던 분이셨다. 엄마는 너무 감격스러워 말도 못하고 울먹울먹하고 있는 아빠에게 아이를 건넸다. 남편분은 아주 조심스럽게 아이를 안으며 "내가 네 아빠야. 건강하게 세상에 태어나줘서 너무 고마워. 사랑해 아가야." 하고 이마에 입을 맞추었다. 부부는 감격의 눈물을 주룩주룩 흘리며 서로를 소중하게 바라보았다. 지켜보던 나도 찡한 마음에 눈물이 그렁그렁 차올랐다. 세상에서 가장 아름답고 경이로운 순간이었다.

감격스러운 짧은 첫 만남 후 아기는 신생아실로, 엄마는 마무리 처치를 좀 더 받은 후 병실로 이동하였다. 모두가 떠난 분만장에는 피 비린내와 살벌하게 생긴 도구들만 덩그러니 남아 있었다. 방금 전 치열했던 순간이 믿기지 않을 만큼 고요한 그곳에는 붉게 흩뿌려진 핏자국만이 분만을 증명하고 있었다.

한 생명이 방금 이곳에서 탄생했다. 행복한 두 부부가 단 한 명의 엄마, 아빠가 되었다. 산모분의 상상도 못할 고통과 적나라한 분만 과정을 지켜보는 것은 조금은 힘겨웠다. 하지만 그 모든 걸 잊을 만큼 감동적이기도 하였다.

나는 먹먹한 기분을 벗어나기 위해 분만장을 나와 신생아실로 향했다. 신생아실 앞에는 190cm 가까이 되는 덩치 큰 남자분이 유리창을 덮을 듯 바짝 붙어 서 있었다. 아까 그 남편분이었다. 행복한 기운과 감격스러움이 후광처럼 그 주변을 휘감고 있어 한눈에 알아볼 수 있었다. 나는 분만을 함께 목격한 사람으로서 축하의 말을 건네고 싶었다. 하지만 완전한 타인이기도 하고, 그 분이 외국인인 만큼 좀 더 용기가 필요했다. 나는 짧은 영어로 "아기가 너무 예쁘네요. 아빠가 되신 걸 축하드립니다"라고 말했다. 그랬더니 그 덩치가 우람한 분이 울먹울먹하시면서 말했다. 맞다고, 자기 금방 아빠가 됐다고. 세상에서 가장 행복한 아빠라고 숨김없이 눈물을 보이셨다. 그리고는 고맙다고 나를 가볍게 안아주기까지 하셨다. 나는 얼떨떨하면서도 저절로 미소가 지어졌다. 한 것도 없이 고마움만 와락 받은 기분이었다.

그날 이후 실습을 가면 나는 그 부부에게 가장 먼저 가서 인사하고, 안부를 묻는 사이가 되었다. 다행히 산모분은 건강히 회복하였고 두 부부의 행복한 기운은 퇴원 때까지 계속되었다. 마지막 날에는 그동안 고마웠다고 작별인사도 나누고, 아기를 한번 안아보라고까지 해 주셨다. 내 품에 안긴 그 오물조물 작은 생명체는 놀라움 그 자체였다. 낯선 품에서 꼼지락거리는 아가는 그 작은 몸으로도 내게 가슴 한가득 따스함을 안겨주었다. 나는 뭉클한 마음에 속으로 말했다. '안녕, 아가야. 나도 너의 탄생의 순간에 함께 있었어. 모두의 기쁨이 된 만큼 앞으로도 건강하렴.' 그렇게 이제는 세 사람이 된 새 가족들은 화기애애하게 분만실을 떠났다.

여담이지만 부부가 떠나고 얼마 후, 분만실 친절 간호사 추천함에서 낯선 이름이 나왔다. 삐뚤빼뚤한 글씨로 '노은지 간호사'라고 적은 종이쪽지가 발견되었다. 정성스럽게 썼지만 울퉁불퉁한 글씨를 통해 그 외국인 남편분임을 짐작할 수 있었다. 간호사가 아니고 간호학생이라고 얘기했는데도 그 분은 내가 간호사인 줄 아셨나 보다. 아무래도 내 짧은 영어 때문인가 생각하면서도 기분 좋은 미소를 감출 수 없었다. 그 귀엽고도 고마운 쪽지를 수간호사 선생님께 직접 받으면서 나는 또 한 번 큰 선물을 받은 기분이었다.

분만실에서는 하루에도 몇 번씩 아기가 탄생하고, 분만장은 그 치열함과 고요를 반복할 것이다. 그러나 그 탄생도, 매번 흘러나오는 노래 "당신은 사랑받기 위해 태어난 사람"도 잊지 못할 단 하나의 순간이자 축복일 것이다.

그 후 다른 부서로도 실습을 나갔지만 역시 분만실 실습이 가장 기억에 남았다. 실습을 통해 나는 실제 병원의 여러 가지 모습도 보고, 다양한 경험을 할 수 있었다. 그리고 무엇보다 '간호'라는 일의 소중함과 기쁨을 얼핏 엿볼 수 있었다. 모든 순간이 아름답지만은 않겠지만 그곳에는 분명 기쁨이 있었고, 무엇과도 바꾸지 못할 보람이 있었다. 그것만으로 충분하다는 생각이 들었다.

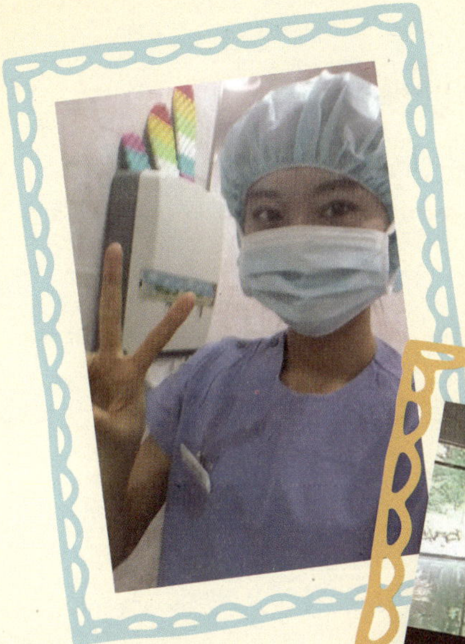

분만실

아이를 안을 때면 모두가 같은 얼굴을 한다.

부모의 얼굴. 세상에서 가장 행복하고

모든 것을 얻은 듯한 벅찬 얼굴이다.

웨이팅게일

대학병원 입사 전까지는 흔히 말하는 웨이팅 기간이 있다. 대학병원 합격 후 바로 입사를 하는 것이 아니라 일정 기간 대기하는 것이다. 애초에 모집할 때 많은 인원을 뽑기도 하고, 입사 월마다 필요한 인원수도 달라서 웨이팅이 생긴다. 짧게는 몇 달, 길게는 한두 해까지 기다리기도 한다. 국가고시도 합격했겠다, 이미 취직도 확정된 상태라 제법 홀가분한 마음이다. 그래서 그 기간 동안 마음껏 휴식을 취하거나, 아쉬웠던 공부를 하거나 혹은 임상 경험을 쌓는 등 각자만의 시간을 보내고는 한다.

나에게도 6개월 정도의 여유가 있었다. 그렇지만 경제적인 이유로 졸업 후 바로 일을 해야만 했고, 기왕이면 실습 때부터 마음이 끌렸던 분만실에서 일하기로 마음먹었다. 그렇게 졸업 직후 3월에 대전에 있는 한 여성병원에 취직을 하게 되었다.

취직은 일사천리로 진행되었다. 기숙사도 제공되고, 생각보다 조건도 좋았다. 가장 큰 고민은 웨이팅 기간이라는 걸 얘기하느냐 마느냐는 것이었다. 많은 친구들과 선후배들의 조언을 구했고 다양한 의견을 들었다. 그리고 병원 간호부장님과의 면담에서 나는 결국 솔직하지 못했다. 6개월이라는 짧은 기간이었지만 일을 하는 내내 마음에 걸렸다. 결국 그만두기 한 달 전에 부서 수간호사 선생님께 고해성사하듯 말씀을 드렸다. 미리 말씀드리지 못해 너무 죄송하다고 하였고, 수간호사 선생님은 쿨하게 말씀하셨다. 알고 있었다고, 어찌되었든 그동안 일해 줘서 고맙다고 하셨다.

아는 지인은 병원 퇴사 후 임용고시를 준비하는 두 달 동안 병원에서 일을 했다. 그 친구는 두 달밖에 일하지 못하는 자신의 사정을 말해야 할지 말지 고민하였다. 나는 내가 처음에 얘기하지 못했던 게 후회되었기 때문에 솔직하게 이야기하는 게 좋겠다고 말했다. 결국 친구는 간호부장님과의 면담에서 자신의 상황을 다 털어놓았다. 다행히 얘기가 잘 되었고, 근무부서에는 밝히지 않는 것으로 하였다. 그 후 친구는 큰 트러블 없이 일을 잘 마무리할 수 있었고 얘기하기를 잘한 것 같다고 하였다.

나도 결국 얘기하고 말 것을, 그리고 얘기하지 않아도 윗 선에서는 이미 눈치껏 다 아시는 것을……. 솔직하게 말하지 못해 괜히 죄책감에 힘든 시간만 보냈다. 또 나는 중간에 엄마가 아프셔서 예정보다 일찍 일을 그만둘 수밖에 없었다. 사람 일이란 정말 어떻게 될지 모르는 것이었다. 개인적으로 후회와 죄송한 마음을 크게 느꼈던 만큼 혹 웨이팅 기간에 일을 하고 싶은 친구가 있다면 솔직하게 이야기하는 것을 추천하는 바이다.

분만실

내가 일했던 곳은 구 층짜리 건물의 깔끔한 산부인과 병원이었다. 흔히 말하는 로컬local 병원이다. 그 병원 안에는 신생아실, 병동, 분만실, 외래 등 다양한 부서가 있었다. 나는 분만실로 지원을 하였고 그곳은 산부인과 병원 내에서 꽃봉오리 같은 곳이었다. 핵심부서이기도 하고, 분만실 추가 수당도 붙을 만큼 다른 부서보다 더 힘든 곳이기도 하였다.

내가 처음에 가장 놀랐던 건 하루에 그토록 많은 생명이 태어난다는 사실이었다. 대학병원 분만실 실습을 할 때는 자연분만 케이스가 많아 봤자 하루에 한두 건이었다. 그런데 여기는 하루에 분만이 기본 여섯 일곱 건이 있었다. 아침에 출근하면 보드 판에 그 날의 수술, 분만 스케줄 표가 적혀 있었다. 스케줄 표가 빡빡한 날이면 비장하게 마음을 먹고 더 바쁘게 산모와 아기를 맞을 준비를 하였다. 다행히 정상 분만이 대부분이었고 건강한 산모와 아기들이 있으니 일이 바빠도 활기차고 기분 좋은 긴장감이 흘렀다.

그곳에서 가장 첫 단계로 배운 것은 베이비 케어baby care, 신생아 간호였다. 베이비 케어는 아기가 태어난 직후의 처치를 말한다. 아기가 힘겹게 세상 밖으로 고개를 내밀면 엄마 배 위에 올려진 소독된 포 위에 놓인다. 간호사는 신속하게 석션을 해서 아기 입과 코의 분비물을 제거하고, 힘찬 울음소리를 확인한다. 그 후 아빠와 함께 탯줄을 자르고, 아기는 베이비 케어 담당 간호사의 손으로 넘어온다. 분만 직후는 체온이 낮은 상태이기 때문에 아기를 멸균가운으로 감싸 워머wammer 위로 올린다. 간호사는 아기의 몸에 묻은 피와 양수를 닦아 주고 한 번 더 석션을 하여 호흡을 원활하게 도와준다. 그리고 손가락 발가락 개수 등 신체 전반을 사정하고, 아프가 점수Apgar score를 매긴다. 신속한 처치가 끝나면 엄마와 아빠에게 아기를 한 번 더 보여 주고, 아기의 상태가 안정적이라면 간단한 사진촬영이나 포옹이 이루어진다. 그 후 아기는 곧장 신생아실로 가게 된다.

분만은 탄생과 아름다움 그 자체이지만 한편으로는 엄마와 아기 두 생명이 달린 일이다. 앞서 대강의 흐름을 설명하였지만 분만 직후 신생아실로 가기까지 간호사는 긴장을 놓을 수 없다. 방금 세상에 나온 소중한 생명이 내 손에 달려 있으니 매우 긴장되고 신중한 순간이다. 실습을 할 때는 엄마 아빠의 표정과 감격에 겨운 태도, 갓 태어나서 꿈틀거리는 아기에게 눈이 갔었다. 그런데 막상 일로 겪어 보니 그 어느 부서보다 상당한 긴장과 빠른 판단이 필요한 곳이었다.

그곳에서 잊지 못할 케이스가 있었다. 셋째 출산을 앞둔 경산부분만을 경험한 산부의 분만이었고, 나는 당시 데이 근무를 하고 있었다. 이브닝 출근시간이 거의 다 된 오후 2시쯤 스테이션의 전화가 울렸다. 이브닝 출근 선생님이셨고 빨리 분만장을 준비해 달라고 하셨다. 출근길에 무슨 일이신가 했더니 일 층에서 엘리베이터를 기다리고 있는데 옆에 산모분이 예사롭지 않다고 하셨다. 진통 간격도 너무 짧고, 양수까지 터진 것 같다고 하였다. 옆에서는 이번이 셋째 출산이라고 말하는 남편분의 목소리까지 들렸고, 예사롭지 않은 한마디 한마디에 급박함이 생생하게 느껴졌다. 나는 전화를 끊고 선전포고 같은 전화 내용을 알렸고, 다들 경악스러운 표정과 흔들리는 눈으로 재빠르게 흩어졌다. 그리고는 엘리베이터가 올라오는 그 일이 분 사이에 수액 잡을 것과 산모복, 분만장 준비가 모두 신속하게 이루어졌다.

드디어 칠 층에 발을 내딛은 산모는 양수가 터져 옷을 적신 채 위험천만하게 한 걸음 한 걸음 통증을 호소하고 있었다. 산모는 곧장 휠체어를 타고 분만장으로 안내되었다. 그리고 휠체어에서 내려 침대로 옮겨졌고 간호사 몇 명이 달라붙어 빠른 손놀림이 오갔다. 순식간에 옷을 갈아입히고, IV를 잡고, 제모도 하였다. 그동안 다른 간호사는 남편분을 통해 빠르게 접수를 하였고, 의사 선생님을 호출하였다. 급하게 달려온 의사 선생님은 내진을 해 보시더니 자궁이 다 열렸다고 하였고, 곧바로 분만이 시작되었다.

빠른 진행만큼이나 분만과정 또한 순조로웠다. 당황스러울 법한데도 산모분이 침착하게 협조를 잘해 주셨다. 그 덕에 침대에 누운 지 채 십 분도 되지 않아 아기는 힘주기 몇 번으로 힘찬 울음소리를 내며 세상 밖으로 나올 수 있었다. 나는 그렇게 빠르게 진행된 분만을 처음 보았다. 일 층 엘리베이터에서 올라와 아기가 태어나기까지 거의 모든 일이 이십 분 안에 이루어졌다. 부부가 아주 아슬아슬한 타이밍에 병원에 잘 도착하였고, 간호사들의 빠른 처치가 척척 이루어졌기에 가능한 일이었다.

나는 그 짧은 시간과 순조로움, 손발이 척척 맞아 다 같이 해냈다는 기분이 매우 인상적이었다. 그리고 무엇보다도 엘리베이터에서 산모분을 잘 관찰하고 빠른 판단을 내린 윗선생님의 판단력이 존경스러웠다. 그렇게 분만실에는 건강한 아기의 울음소리와 행복한 가족들의 웃음소리가 흘러넘칠 수 있었다.

로컬 local

내가 그곳에서 보낸 시간은 굉장히 짧았지만 그에 비해 좋은 추억도, 배운 것도 많은 곳이었다. 분만실 수간호사 선생님도 동료 간호사분들도 하나같이 사람 좋은 분들이셨다. 여름에는 다 같이 펜션으로 엠티MT도 가고, 일 끝나고 식사를 하거나 커피도 자주 마셨다. 지금 생각해 보면 인원이 적어서 더 돈독할 수 있었던 것 같다. 여러모로 잘 챙겨주신 게 감사해서 그만둘 때는 일일이 쪽지를 쓰고, 간식거리를 포장해서 한 분 한 분 드리고 나왔다. 그리고 한 선생님께서는 오히려 내게 이별선물을 챙겨주기까지 하셨다.

내가 느꼈던 로컬 병원의 장점은 근무시간이 짧다는 점과 확실히 일이 더 여유가 있다는 점이었다. 출퇴근 오버타임이 거의 없는 편이었고 가끔씩 바쁘지만 대개 과하게 바쁘지는 않았다. 그러다 보니 퇴근 후 내 시간이 보장이 되어 삶의 질이 높은 편이었다. 확실히 여유가 있어서 그런지 병원 선생님들도 얼굴 찌푸릴 일 없이 다 같이 잘 지냈던 것 같다.

단점은 역시 월급 차이이겠지만 내가 생각한 것보다는 많은 편이었고, 기숙사가 제공되어 큰 불편은 없었다. 다만 로컬은 케이스가 다양하지 않아서, 배움과 성장의 기회가 대학병원이 더 많은 것은 사실인 것 같다. 결국 어딜 가든 장단점은 있을 것이고 본인의 가치 판단에 맡길 일이다.

당시 어려웠던 점들도 분명 있었지만 나는 그 짧은 경험을 소중하게 간직하고 있다. 언제나 그렇듯 간호사라는 직업 안에서 누군가의 삶과 기쁨, 좌절의 순간에 함께했었다. 그리고 탄생에 더 가까운 그 일들은 내게 종종 기쁨을 안겨 주기까지 하였다.

내가 남다른 소명의식이 있는 건 아니지만 아이를 안고 기뻐하는 엄마, 아빠들을 볼 때마다 가슴이 벅찼다. 분만은 일생일대의 경험이고 사실 큰 위험이 따르는 일이다. 그래서 초보 부부들의 얼굴에는 걱정과 긴장이 역력하였다. 하지만 아이를 안을 때면 모두가 같은 얼굴을 한다. 부모의 얼굴. 세상에서 가장 행복하고 모든 것을 얻은 듯한 벅찬 얼굴이다. 그들의 넘치는 기쁨은 우리에게도 기쁨이자 에너지가 된다. 간호가 내 적성, 소명이라고까지 말할 수는 없지만 그것은 분명 '좋은 일'이었다. 효과적으로 남을 도울 수 있고, 삶의 가장 중요한 순간에 함께하는 소중하고 중요한 '좋은 일'이었다.

간절함을 보다

모든 생명은 감히 우리가

상상할 수도 없는 누군가의 간절함이었다.

분만실은 그 어느 곳보다 시크릿secret, 사연이 많은 곳이다. 출산, 분만은 예민한 문제이고 시크릿이라는 말 그대로 비밀로 해야 할 개인사도, 조심스러운 부분들도 많다. 남편에게 비밀, 시누 가족들에게 비밀……. 드라마에 나올 법한 사연들이 현실에도 제법 많았다.

흥미롭고, 안타깝고, 놀랍고…… 그 많은 사연들을 접하면서 다양한 생각이 들었다. 결혼을 잘해야겠다, 좋은 남편을 만나야겠다 등 가볍게 웃으며 이야기할 수 있는 생각들과 생명의 탄생, 원치 않는 임신 등 삶의 다양한 모습들이 깃들어 있는 곳이었다. 그중에서도 어느 한 부부의 간절함이 기억에 남는다.

누군가의 간절함을 보다

내가 근무했던 분만실은 통합 여성병원으로 분만실, 외래, 수술실, 병동을 함께 운영하는 곳이었다. 그래서 외래가 끝난 시간에는 분만실에서 응급환자와 산부인과 진료도 하곤 했다. 그리고 평화롭던 어느 저녁, 사십 대 초반의 한 부부가 걱정스러운 표정으로 문을 두드렸다. 아내분이 소량의 피가 비친다고 찾아온 것이었다. 일상적인 진료가 이어졌고 초음파 검사를 하던 중 의사 선생님이 환한 미소를 지었다.

"축복이 찾아온 것 같네요. 피가 비친 건 착상혈이고, 아기집이 보입니다. 임신 초기에요. 축하드려요."

감격한 아내분은 남편분을 진료실로 불러달라고 했다. 나는 진료실 밖으로 나갔고, 세 발짝도 가기 전에 남편분이 보였다. 남편분은 앉아 있지도 못한 채 안절부절 진료실 문 앞에서 서성이고 계셨다. 어느 남편들이나 똑같은 그 표정. 두근거리고 걱정되는 긴장된 얼굴이었다. 나는 좋은 소식을 전할 수 있어 다행이라고 생각하며 남편분을 진료실로 안내하였다.

부부는 손을 꼭 잡고 의사 선생님의 설명을 들었다. 초음파 사진 한 장에 빨려 들어갈 듯 눈을 콕 박은 채, 한마디 한마디도 놓치지 않으려 집중하고 있었다. 요란스럽지는 않았지만 누구보다 크게 기뻐하고 있었고, 행복한 기운이 느껴졌다. 꽉 잡은 두 손과 눈에는 온기와 희망이 넘쳤고, 진료실의 딱딱한 분위기마저 다르게 느껴질 정도였다. 아내분은 그렁그렁한 눈과 격양된 목소리로 말했다.

"세 번의 유산이 있었어요. 마흔 둘, 적은 나이도 아니어서 이번에는 진짜 마지막이라고 생각하고 인공수정에 도전했거든요. 남편도 저도 지쳐 있었는데 너무 감사해요. 감사합니다."

아내를 바라보던 남편의 눈에도 눈물이 맺혔고, 부부의 감격스러움은 뭉클하게 번졌다. 의사 선생님도 기쁜 소식 전하게 돼서 너무 다행이라고 힘찬 악수를 건넸고, 함께 문 앞까지 배웅하였다. 평범한 저녁에 찾아온 선물 같은, 지켜보는 이까지 기분좋게 하는 부부였다.

그리고 한 달쯤 후에 부부가 다시 병원을 찾았다. 나는 부부를 알아보았고, 두 분도 나를 알아봤다. 아내분이 하혈을 한다고 하였다. 임신 초기에 있을 수 있는 증상이지만 혹시나 하는 마음에 '설마' 하는 생각이 들었다. 하지만 행복한 부부의 얼굴을 보며 걱정을 삼켰다.

"너무 걱정은 하지 마시구요. 대기실에서 기다리실게요~" 하고 안내하였다. 대기실에는 이십 대, 삼십 대 다양한 부부들이 있었고, 지긋이 나이가 있는 두 부부는 유독 눈에 띄었다. 자신들도 그것을 인식한 듯 쑥스러운 듯 앉아 있으면서도 두 사람은 여전히 손을 꼭 잡고 있었다. 서로에 대한 애정이 은은하게 드러나는 참 예쁜 부부였다.

얼마 후 부부의 차례가 되었다. 하지만 초음파를 보는 의사 선생님의 표정이 좋지 않았다. 평소보다 시간도 더 걸리고 침묵이 길었다. 무거운 침묵을 깨고 아내분이 물었다.

"왜요 선생님? 혹시 안 좋은가요?"

"흠……. 남편분과 같이 들으셔야 할 것 같은데요. 들어오시라고 합시다."

순진한 얼굴로 들어온 남편분은 아내의 긴장된 얼굴을 보고 어깨를 꼿꼿이 세웠다.

"아무래도 유산인 것 같습니다. 아기집이 주수에 비해 너무 크지 않았어요. 심장도 뛰지 않고요. 다음 주쯤에 소파술 유산된 아기, 잔해를 제거하는 술식을 해야 할 것 같네요. 유감입니다, 정말."

청천벽력 같은 소식이란 게 이런 걸까. 의사 선생님도 더 이상 말을 잇지 못했고, 부부는 멍한 얼굴로 아무 말도 하지 않았다. 눈물을 흘리지는 않았지만 꽉 잡은 두 손은 힘이 풀렸다. 불과 몇 주 전, 이곳에서 온기와 희망으로 가득 찼던, 세상에서 가장 행복한 두 사람이었다. 하지만 그 한마디로 모든 공간과 시간마저 멈춘 듯하였다. 진료실의 공기마저 바꾸었던 둘의 행복한 에너지는 이제는 말로 표현할 수 없는 절망으로 뒤바뀌었다.

운명이 앗아간 그 둘의 간절함 앞에 나는 그 어떤 말로도 위로를 건넬 수가 없었다. 누군가의 간절함을 본다면 그런 형태이지 않을까 하는 생각이 들었다. 부부는 병원 문 밖을 나설 때까지 아무 말도 하지 않은 채, 그저 두 손을 꼭 잡고 집으로 돌아갔다. 병원 밖으로 향하는 두 힘 빠진 어깨에는 묵직한 슬픔이 얹혀 있었다.

일주일 후 부부는 소파술을 위해 병원을 한 번 더 찾았다. 시술이 이루어지는 동안에도 운명을 받아들인 듯 내내 체념한 태도였다. 유별난 슬픔도, 어떤 하소연도 하지 않는 그 묵직한 담담함이 더 마음이 아팠다. 그리고 나는 그 부부를 다시는 볼 수 없었다.

분만실에서는 많은 생명이 태어나기도 하지만 그만큼 유산이나 슬픈 사연도 많았다. 너무나 간절한 임신도, 원치 않는 임신도 있었다. 그럼에도 모든 생명은 분명 축복이었다.

처음 임신 소식을 들었을 때의 감격, 조심조심 진료를 보러 다니고, 오랜 기다림 끝에 아기를 소중히 품에 안아 보고 인사하던 그 첫 만남. 출산은 내가 아직 경험해 보지 못한 것인 만큼 나는 그 간절함과 축복의 순간에 함께할 수 있다는 것만으로도 종종 기뻤다. 그리고 그만큼 마음 아프기도 했다.

훗날 어떤 운명이 부부를 시험했는지 알 수는 없지만 그 날 보았던 그 간절함은 내 가슴에 생생하게 남았다. 그리고 어렴풋이 느꼈다. 우리 모두는 그렇게 누군가의 간절함과 축복 속에서 태어났다는 것을. 모든 생명은 감히 우리가 상상할 수도 없는 누군가의 간절함이었다는 것을.

작은 생명

생명 앞에서 크고 작음은 없지만 어린 아이들,

작은 생명을 떠나보낸 기억은 특히 더 오래 남는다.

분만실에서 일할 때 분만만큼이나 자주 경험했던 건 소파술이었다. 흔히 말하는 인공 유산으로, 생각보다 잦아서 놀랐었다. 인공유산이란 태아가 생존 능력을 갖기 이전에 약물적으로 또는 수술적으로 임신을 종결시키는 시술을 뜻한다. 우리나라는 법적으로 유산이 금지되어 있지만 기형아나 유전질환이 있는 경우, 태아의 성장이 멈춘 경우나 사망한 경우, 강간에 의한 경우 허용된다. 그리고 소파술은 많이 행해지는 수술 중 하나로 자궁 내의 임신 산물을 제거하는 수술이다. 초기 유산의 경우 대개 소파술로 임신을 종결하고는 한다.

사실 소파술 자체는 시술에 가깝고 30분도 채 걸리지 않는다. 마취과 의사가 마취를 하고, 환자가 잠든 걸 확인한 후 산부인과 의사가 들어온다. 초음파로 영상을 보며 수술기구를 사용해 자궁 내부를 긁어내고, 간호사는 옆에서 활력 징후를 확인하며 시술을 보조한다. 자궁 내부를 긁어낸 후 초음파로 한 번 더 내부를 확인하고 나면 시술은 끝이 난다. 곧 환자를 깨우고, 마취가 깨면 병실로 옮긴다. 환자의 요구에 따라 영양제나 진통제를 투여하기도 하고, 안정을 취한 후 보통 몇 시간 후에 퇴원한다.

환자나 보호자는 말이 없다. 수술 전 궁금한 게 많을 법도 한데 대개는 서로 손만 꼭 잡은 채 무거운 침묵을 지켰다. 시술 전에 의사 선생님이 시술 과정을 설명하고, 걱정하지 말라고 해 주시지만 위로가 되지 않는 표정이다. 시술이나 부작용도 겁나지만 그 경험 자체가 그들에겐 상처이고 잊지 못할 경험인 것 같았다.

시술 후 침대로 돌아와 서서히 마취가 깨면서 환자분은 통증을 호소한다. 진통제를 드리기는 하지만 울음이 날카롭다. 단순한 통증 호소가 아닌 서럽고 날카로운 그 울음소리는 곁을 지키는 이들의 마음을 찌른다.

소파술이 끝나면 간호사는 자궁에서 긁어낸 검체를 샘플용기에 담아 검사를 내려야 한다. 한 생명이 될 수도 있었던 그 핏덩어리를 보면 만감이 교차했다. 그래서 처음에는 피 냄새에 헛구역질도 하고, 검체를 제대로 쳐다보지도 못하였다. 아주 작은 핏덩어리임에도 제법 팔이나 다리, 몸통 등 사람의 형체가 보일 때면 정말이지 머리가 핑 돌고 토할 것만 같았다. 그 일도 시간이 지나니 조금은 익숙해졌지만 무겁고 찝찝한 마음만은 덜어낼 수 없었다. 그래서 소파술이 많은 날이면 퇴근 후에도 마음이 영 무겁고, 기분이 가라앉고는 하였다. 그러나 그마저도 십삼 주가 넘어가면 소파술로 임신 종결이 불가능하다.

이미 태아의 형태가 갖춰져서 정상분만과 똑같은 과정을 거쳐야 한다. 그 말인즉, 이미 죽은 아이를 배 아파 가며 낳아야 한다는 것이다. 그 경우엔 제왕절개도 적응증이 되지 않아서 자연분만을 해야 한다. 약물로 분만을 유도해 정상분만과 같은 과정으로 유산을 해야 하는 것이다. (물론 절대적이진 않고, 제왕절개를 하는 경우도 있다고 한다.)

학교 다닐 때 책에서 글로 풀어 놓은 설명만 보는데도 뜨악했던 기억이 있다. 그리고 짧게 일하면서 딱 한 번 그런 케이스를 보았고, 그 끔찍하게 처연했던 울음소리를 지금까지 잊지 못한다.

작은 생명

산모분은 30주가량 된 아기가 뱃속에서 사망해 유도분만을 하러 왔었다. 그 날은 분만실이 유독 바빠 가족분만장도 차 있고, 대기실에도 사람이 바글바글하였다. 산모가 분만실에 오게 되면 일단 대기실에서 준비를 하고(제모, 관장, 수액 맞기 등), 진통이 규칙적으로 오고 분만이 임박하면 분만장으로 옮겨진다. 그 전까지는 대기실에서 태아 심박동을 체크하거나 산모의 활력징후를 확인하며 자궁문이 열리기를 기다린다.

당시 나는 막내 간호사로 분만 준비를 주로 담당했고, 그 날도 어김없이 분주하게 산모들 준비를 돕고 있었다. 바쁘게 대기실을 들락날락하는데 유독 어두운 표정의 가족들이 눈에 띄었다. 분만을 기다리는 산모들은 대개 긴장되고 무서운 표정이기는 하지만 그 바탕에는 분명 설렘과 기쁨이 있었다. 그 행복한 기운은 감출 수가 없었고, 그래서 그 가족들의 어두운 분위기는 유독 어색하게 느껴졌다.

잠시 후 다른 간호사 선생님을 통해 유산을 하러 온 가족이라는 사실을 알게 되었고, 그제야 그들의 어둠이 이해가 되었다. 대기실에는 그 가족들 외에 산모분들로 침대가 가득 차 있었고, 그 와글와글한 틈에서 그들은 유독 그 자리가 불편해 보였다. 그들이 요란한 슬픔을 표하거나 불평을 하고 있지는 않았지만 공기부터가 다르게 느껴졌다.

모든 산모들에게 분만은 괴로운 과정이지만 새로 만날 가족에 대한 기대로 그 아픔을 견딜 수 있다. 하지만 그들에게는 희망이 없었고, 희망이 있는 사람과 없는 사람이 공존하는 공간의 공기는 가슴 아프도록 이질적이었다.

나는 옆자리의 산모분들께 목소리를 낮춰달라고 부탁을 하였고, 차분히 분만 준비를 도왔다. 더 친절하게 하려고 애썼지만 그 분의 넋 나간 표정과 너무 큰 슬픔 앞에 내 도움은 그저 작고 무력하게만 느껴졌다.

다행히 유도분만은 빠르게 잘 진행되었다. 유도분만을 위한 약이 들어가고 얼마 후 환자분은 입술을 깨물며 처연한 비명소리를 내뱉었다. 곧 자궁문이 열렸고, 빠르게 분만장이 준비되었다. 닥쳐오는 진통 앞에 그동안 꾹 참고 있던 비명소리가 새어 나왔다. 분만장까지 가는 짧은 복도에 그 분의 울음소리가 퍼졌다. 그 처절한 울음소리는 어느 진통보다도, 어느 울음소리보다도 무겁고 슬펐다. 듣는 이까지 움찔하게 하는 처연한 울음소리가 마음을 숙연하게 파고들었다.

환자분은 짧은 분만 후 병동으로 돌아왔다. 처음처럼 계속 울고 있지는 않으셨지만 이제는 허무함까지 더해져 더 넋이 나간 얼굴이었다. 가족들 누구 하나 위로의 말을 건네지 못하였고, 남편분만 곁에서 손을 꼭 잡고 있을 뿐이었다.

신규였던 나는 선생님들의 배려로 분만 과정에 직접 참여하지는 않았다. 분만을 하는 당사자만큼이나 수술에 참여하는 이들도 매우 힘들고 버겁기 때문이다. 건너 배운 바로는 분만 과정 자체는 비슷하고, 사산아는 봉투에 싸서 폐기물 처리를 한다고 한다. 소파술로 작은 핏덩어리를 담을 때도 마음이 너무 무거웠는데 그보다 몇 배는 더 될 버거움이 상상도 안 갔다.

사산아 처리방식은 약간씩 차이가 있지만 한 의사 선생님께서 해 주셨던 이야기가 인상적이었다. 보통은 사산아를 폐기물 봉투에 담아 처리하는데 한 간호사 선생님은 손수 박스와 솜을 구해 왔다고 한다. 그리고 차갑게 꺼져버린 작은 생명을 박스에 소중히 담아 주변을 솜으로 감싸고, 관처럼 만들어 보내주었다고 한다.

그 간호사분은 자신도 버거울 텐데 울면서도 겸허하게 보내주는 그 작업을 포기하지 않았다. 누구도 강요하지 않았고, 어떻게 보면 아무것도 아닐 수 있는 작업이지만 아기를 잘 보내주고자 하는 마음이 잘 느껴져 인상적이었다. 우리가 비록 그 작은 생명에게, 그 부모에게 감히 어떤 위로도 할 수 없겠지만 그럼에도 함께하고자 하는 노력, 정성을 다하려는 마음만은 보탤 수 있지 않을까 하는 생각이 들었다.

가장 치열한 전투

전투라고 표현할 만한 죽음과의 투쟁, CPR.

우리가 거슬러야 하는, 가장 승리해야 하는 전투이다.

"Code blue, Code blue, Code blue. 제 1중환자실. 제 1중환자실."

CPR, 심정지 환자가 발생했음을 알리는 방송이다. 병원 내를 쩌렁쩌렁 울리는 코드블루code blue 방송에는 언제나 마음이 철렁한다. CPR을 할 때 환자는 이미 사망한 상태이다. 소생술, 말 그대로 인위적으로 삶을 다시 불러오는 행위인 것이다. 그리고 병원 외에서 발생했든, 내에서 발생했든 환자는 대개 중환자실로 오게 된다.

심정지가 발생했을 경우 중환자실은 전쟁터로, 간호사와 의사는 전사로 변한다. 제각기 위치해서 철저히 역할을 분담해 만반의 준비를 한다. 기도 유지를 위해 기관 삽관과 인공호흡기를 준비한다. 응급약물과 제세동기, 혈압이 떨어질 것을 대비하여 수액도 준비해 놓는다. 침대가 빨리 들어올 수 있게 자리를 미리 빼놓고 길도 만들어 놓는다. 그 어느 때보다 손발이 척척 맞아야 하고 빠른 행동과 판단력이 필요하다. 준비가 끝난 후 폭풍우 전 고요한 긴장감이 흐르고, 잠시 후 요란하게 침대가 밀고 들어온다.

처음 CPR을 겪었을 때의 그 긴장감과 두려움이란 놀라울 만큼 버거웠다. 사실 CPR은 몇 번을 겪어도 힘들고 가슴이 두근거린다. 늘 생명을 위해 일하지만 CPR 상황은 그 어느 때보다 내 일분일초의 행동이 누군가의 생사를 좌우하는 순간이다. 또한 병원에서 발생하는 심정지는 대부분 간호사에 의해 발견된다. 사실 의료진이라고 해도 사람이 죽어 가는 걸 발견했는데 안 떨리고 안 놀랄 리 없다. 하지만 우리는 그 사람을 살릴 의무가 있다. 그래서 그 압박적인 순간에도 그것을 넘어서는 빠른 대처와 신속한 판단이 필요하다.

갈비뼈가 부러지는 느낌

간호학생, 신규 간호사 교육 때 마네킹을 가지고 CPR 실습을 했었다. 엄숙한 강사님의 태도와 중요성 강조에 제법 진지하게 임했던 기억이 있다. 스톱워치로 시간까지 정확하게 체크하고, 언젠가는 진짜 환자에게 시행할 수도 있다는 마음으로 열심히 배웠다. 하지만 다 같이 마네킹을 푹푹 누르고 있는 상황에서 실습 이상의 큰 와닿음은 없었다. 그리고 훗날 실제 상황을 겪으며 과거 실습 때의 진지함이 그저 가상현실이었음이 팍 와 닿았다.

처음 CPR을 겪었을 때다. 새벽 4시경, 환자의 체위변경을 하던 중 다른 간호사 선생님이 발견하였다. 늦은 시간이라 코드블루 방송에도 의사들이 더디게 도착했다. 그래서 간호사들끼리 교대로 CPR을 해야 했다.

그때 나는 실제로 가슴압박을 해 보기는 처음이었다. 떨리는 마음을 가다듬으며 교대를 위해 옆에서 기다렸다. 차분하려고 노력했지만 가슴은 요란하게 뛰었다. 머리로는 팔의 각도와 박자 등을 생각하고 손에는 체중을 실어 온 힘을 다했다. 그렇게 몇 분 동안 가슴압박을 하고 나니 머리가 어지러웠다. 실제로 가슴압박은 체력소모가 상당하다. 분당 백 회의 속도를 맞춰야 하고, 온 힘을 다해야 하니 교대로 시행하여도 금세 기진맥진하고 만다.

이마에 흐르는 땀과 새벽녘 흐릿한 정신 속에서 기억에 남는 건 손끝의 느낌이었다. 흔히 말하는 갈비뼈가 부러진다는 말이 뭔지 알 것 같았다. 늑골이 푹푹 꺼지는 게 내 손끝으로 느껴졌다.

이내 의사들이 도착해 가슴압박을 하던 손을 떼었다. 그리고는 숨 돌릴 새도 없이 다른 일을 하러 또 바쁘게 움직였다. 새벽 5시경까지 환자는 돌아오지 않았고 상황은 종료되었다. 하지만 손끝의 그 뻑뻑한 느낌은 꽤나 오래도록 남아 있었다.

그 후로 CPR은 놀랍지 않은 사건이 되었다. 살아가며 몇 번 보지 않을 상황이지만 그 곳에서는 생각보다 종종 있는 일이었다.

중환자실 간호사는 직감적으로 안다. 이 환자가 곧 심정지가 올 것인지, 오늘 밤을 넘길 수 있을 것인지……. 나처럼 경력이 적은 간호사는 모르지만 오래 근무한 선생님들은 그 직감이 있다.

그 틈에서 가장 어려웠던 것은 일의 우선순위를 모른다는 것이었다. 물론 기본적인 문제지만 CPR 상황에서는 큰 소리가 충분히 오고갈 만한 것이었다. CPR 자체도 버겁고 무서운데 큰소리까지 오가니 더 정신이 없다. 다른 일은 노트 컨닝이라도 할 수 있지만 CPR 상황에서는 노트를 들썩일 시간조차 없다. 나름대로 CPR 시 준비물, 할 일의 우선순위를 만들어 적어 놓고 외우기도 하였지만 역시 몸이 익숙해지는 게 빨랐다.

그리고 조금은 능숙히 대처할 수 있게 되었을 무렵 가장 무서웠던 CPR, 잊히지 않는 얼굴을 겪었다.

전우의 얼굴

이브닝 근무 중 오후 8시쯤 코드블루 방송이 울렸다. 병동에서 심정지가 발생한 것이었다. 어느 때처럼 환자를 받을 만반의 준비를 해놓고 기다리고 있었다. 그런데 멀리서부터 눈에 띄게 새빨간 침대가 보였다. 눈을 의심했지만 예상이 맞았다. 침대도, 환자도 온통 피범벅이었다. 몸의 피를 다 쏟아낸 듯한 창백한 피부와 입과 코에서는 끊임없이 피가 뿜어져 나오고 있었다. 환자는 간경화였고, E-varix, 식도 정맥류가 터진 것이었다.

식도정맥류는 흔히 간경화 환자에게서 발생한다. 간은 많은 혈액이 모이는 곳이고 간경화는 만성적인 염증으로 인해 간이 섬유화된 것이다. 딱딱해진 간으로 들어가는 혈액 압력은 증가하고 그로 인해 우회의 길이 만들어진 것이 식도정맥류이다. 식도정맥류는 터지게 되면 '출혈량이 어마어마하다'라고 책에서 배웠다. '치사량은 20~30%다'라고 글로 배운 것과 실제로 환자를 보는 건 역시 달랐다.

정맥류의 크기나 과거력은 정확히 알 수 없지만 환자는 출혈성 쇼크 상태였다. 터진 정맥류를 멎게 하는 시술이 필요했다. 하지만 출혈 때문에 호흡이 불가능했고 기관 삽관을 시도하였지만 가슴압박 역시 멈출 수가 없었다. 터진 정맥류에 가슴압박이라니! 몸의 구멍이란 구멍으로 출혈이 계속되었다. 시야 확보가 되지 않아 기관 삽관도 오래 걸렸다. 의사가 기관 삽관을 하면 간호사는 테이프로 관을 고정해 주어야 한다. 하지만 출혈이 멈추지 않아 옆에서 계속 닦고, 석션해도 테이프마저 붙일 수 없는 상태였다.

그런 출혈은 분만실에서도, 수술실 실습에서도 본 적이 없었다. 그렇게 많은 피를 바로 옆에서 보고 피비린내를 맡으며 닦아 내려니 힘들었다. 헛구역질이 몇 번이고 목까지 차올랐다. 사람 몸에서 이렇게 많은 피가 나올 수 있구나 싶었다. 그렇게 30분이 지났고, 환자는 결국 돌아오지 못하였다.

CPR이 종료되고 의사들은 떠났다. 우리는 영안실로 내려가기 전 보호자 면회를 위해 환자 정리를 했다. 사망한 환자를 정리하는 일은 언제나 숙연한 작업이다. 옷을 갈아입히고, 시트도 깨끗하게 다시 깔았다. 온통 피범벅인 얼굴과 몸을 닦았다. 석션한 통을 살펴보니 출혈량이 족히 5L는 되어 보였다. 주변은 피범벅이었지만 몸 안의 피를 다 쏟아 낸 얼굴은 그 어느 고인보다 창백하였다. 마지막으로 새하얀 천을 덮기 전 미처 감지 못한 눈을 감겨 드렸다. 그 비통한 얼굴을 보며 전사한 전우의 얼굴이 이렇지 않을까 하는 생각까지 들었다.

사실 영화나 TV에서는 심폐소생술, 가슴압박 몇 번으로 환자가 멀쩡히 살아난다. 하지만 현실은 그렇게 깔끔하지 않다. 심정지의 원인은 다양하지만 분명 치명적인 원인이 있을 것이다. 그 원인이 단순한 순환 장애가 아니고선 심폐소생술로 간신히 심장 박동이 돌아왔다 해도 수많은 추후 처치가 필요하다. 심정지로 발생한 뇌 손상이나 각종 장기의 손상 등 큰 과제가 기다리고 있다.

한 명의 환자라도 심정지가 있다면 중환자실이든 응급실이든 다른 업무가 마비되고 만다. 몇 시간이고 그 일에 많은 인력이 달라붙어야 겨우 숨을 유지할 수 있기 때문이다. 한 사람의 생명을 온전히 살리기 위해선 그토록 엄청난 의지와 노력이 필요하다.

두 번 본 죽음

중환자실에 많은 환자들이 오고 가지만
입원부터 퇴원까지 대여섯 달 정도 머물렀던 환자가 있었다.
무사히 삶을 되찾아 나간 그. 나는 그의 죽음을 두 번 보았다.

처음 그는 응급실을 통해 왔다. 고혈압, 음주로 인한 간경화, 당뇨병 등등 사십 대 젊은 나이에 비해 많은 과거력을 지니고 있었다. 길에서 쓰러져서 왔던 그는 이미 반혼수 상태였다. 기관 삽관을 하고도 산소포화도가 정상범위로 회복되지 않을 만큼 폐가 엉망이어서 인공호흡기 치료가 필요했다. 또 간경화로 인한 황달로 얼굴부터 몸 전체가 다 누렇게 팅팅 부어 있었다. 그는 직감적으로 어렵겠다는 생각이 드는 그런 환자였다. 그의 얼굴에서 삶은 당장이라도 그를 떠날 듯한 모습이었다.

입원 이틀째, 몸은 더 붓고 이제는 소변까지 나오지 않았다. 신장까지 망가진 것이다. CRRT Continuous Renal Replacement Therapy 라고 지속적으로 투석을 해 주는 기계가 필요했고, 그의 몸에 관이 추가로 더 꽂혔다. 호흡은 기관 삽관을 통한 인공호흡기에 의존하고, 폐에 물이 차서 양쪽에 흉관을 꽂고 있었다. 다리 쪽에는 굵직한 투석카테터가 그의 피를 인위적으로 순환시켜주고 있었고, 혈압도 낮아 승압제저혈압일 때에 혈압을 상승시키는 약제까지 쓰고 있었다. 말 그대로 머리부터 발끝까지 자발적으로 기능을 할 수 있는 장기가 거의 없었다. 그 기계들 중 하나라도 없으면 그는 살 수가 없는 상태였다. 처음 온 모습 그대로, 죽음의 그림자는 그를 떠나갈 생각을 하지 않았다.

그렇게 의식 없이 온갖 기계에 의존하기를 두 달. 처음 우람했던 그의 몸은 온데간데없이 사라지고 50kg도 채 안 나갈 듯 뼈만 앙상하게 남았다. 그래도 조금씩 장기들이 회복되고 있었고, 몸에서 하나둘 관을 제거해 나갔다. 회복이 더딘 폐인 만큼 인공호흡기를 떼는 데 시간이 가장 오래 걸렸고, 호흡이 불안정해 중간에 다시 삽관을 하기도 하였다. 결국 장기적인 치료를 위해 목에 구멍을 뚫는 기관절개술을 하게 되었다. 그래도 이제는 의식도 돌아오고, 의사소통도 하면서 본연의 자신을 되찾아가고 있었다.

그 환자가 입원해서 퇴원하던 시기는 내가 갓 독립해서 환자를 보던 때였다. 많은 케이스를 접하지 못하였을 때인 만큼 매일매일 좋아져 가는 그를 보며 나는 의학의 힘을 실감했다. 처음 올 때 그 사람이라고는 생각도 못할 만큼 눈에 띄게 좋아지고 있었다.

어느덧 서너 달이 흘렀고 그는 중환자실의 안방마님이 되었다. 우리가 매일 그를 보는 만큼 그도 우리를 매일 보았다. 워낙은 담당 간호사가 아니면 그 환자에 대해 파악하기 어렵지만 하도 오래 입원해 있다 보니 모든 간호사가 그의 간호사였다. 그도 그 나름으로 중환자실에 익숙해져서 언제쯤 교대를 하는지, 어떤 간호사가 까칠한지, 전반적인 흐름을 다 파악하고 있었다. 간호학생이 이 주씩 실습을 오면 직접 옆에 붙여 두고 재활치료를 도와달라고 부탁하기도 할 만큼 여유가 생겼다.

중환자실 환자들은 의식이 없거나 온전하지 않은 경우가 많아 소통할 수 있는 기회 자체가 드물다. 그래서 출퇴근에 그와 인사하고 가끔 얘기 나누는 것도 나름의 낙이 되었다. 오랜 치료로 지쳐 있으면서도 그는 가끔씩 우리를 웃게 해 주기도 하였다. 어느덧 상태가 호전되어 재활치료가 중심이 되며 기적처럼 그는 일반병실로 전실을 앞두고 있었다.

그리고 특별할 것 없던 밤 근무. 그는 내 담당 환자였다. 그날따라 그의 호흡이 힘겨워 보였다. 인공호흡기를 달아야 할 만큼 금세 수치가 안 좋아졌지만 일반병실 전실이 얼마 남지 않았다는 생각 때문이었는지 그는 괜찮다고 억지를 부렸다. 불안한 마음에 옆을 못 떠나고 지켜보았다. 그러고 호흡기 치료를 해 주니 주의를 뜻하는 빨간 불로 요란하던 모니터가 조금 조용해졌다. 그래도 왠지 불안한 마음에 눈을 떼지 못하다가 잠깐 화장실에 다녀왔다. 그 잠깐 사이 모니터는 다시 요란한 빨간색으로 위험을 나타내고 있었다. 달려가서 본 그의 눈은 이미 초점이 흐릿해져 있었다. 흔들어 깨웠지만 의식은 없었고, 눈빛도 얼굴도 멍하니 서서히 영혼이 빠져나가고 있는 듯하였다.

모니터에서 결국 심정지를 알리는 알람이 요란하게 울렸다. "CPR이요!" 큰 소리로 외쳤고 주변 간호사 선생님들이 몰려왔다. 즉시 가슴 압박이 이어졌고, 심폐소생술 방송을 하려던 찰나 그의 의식이 돌아왔다. 결국 다시 인공호흡기를 달아야 했지만 그는 무사하였다. 그 어느 때보다 마음이 철렁하였고, 나는 생생하게 보았다. 그의 영혼이 빠져나가는 듯한 모습을. 우리가 흔히 쓰는 '돌아왔다'는 표현이 참 적합하다는 생각이 들었다. 또 한 번 그는 그렇게 삶으로, 우리 곁으로 돌아왔다.

그 후로 한 달이 더 흘렀고, 그는 이젠 정말로 일반병실 전실을 앞두고 있었다. 나는 그를 볼 때마다 그 영혼이 빠져나가던 모습이 생각나 아찔하였고, 그 사실을 알지 못하는 그가 순진하게까지 보였다.

그렇게 총 5개월 3주 만에 그는 중환자실을 나가게 되었다. 앙상한 몸과 기관절개술을 한 목, 온몸 곳곳에 사투의 흔적은 남았지만 어찌되었든 그는 건강히 중환자실을 떠났다. 나는 그가 병실로 가는 걸 직접 볼 수는 없었다. 다만 그가 오래 머물던 병상에 다른 환자가 있는 것을 보고 그의 빈자리를 실감할 수 있었다. 그리고 이 주 후 조금씩 그의 존재도 잊혀져갈 무렵 미화원 여사님이 환한 얼굴로 손님이 왔다고 말했다.

"며칠 전부터 한 환자가 중환자실 문 앞만 왔다 갔다 하더라고요. 무슨 일이냐고 물으면 그냥 가버리고……. 근데 자세히 보니까 A 환자인 거 있죠! 살도 붙고 얼굴이 좋아져서 못 알아봤어요."

그렇다, 그였던 것이다. 미화원 여사님마저 그의 얼굴을 알아볼 정도로 그는 우리의 오랜 손님이었다. 들어오시라는 우리의 성화에 그는 쑥스러운 듯 중환자실로 들어왔다. 그는 중환자실에 5개월 넘게 있었던 환자라고는 믿기 어려울 만큼 매우 건강한 모습이었다. 간병인분이 휠체어를 끌어 주시며 말했다.

"며칠 전부터 요 앞만 얼쩡거렸어요. 중환자실에 있을 때 얘기를 많이 하시더라고요. 그때 고생해줬던 간호사들도 너무 고맙고, 곧 퇴원을 하는데 꼭 한

번 와보고 싶어 하셨어요."

병실로 간 것도 놀라웠는데 이제 퇴원이라니! 우리는 모두 한마음으로 그에게 축하를 전했다. 거기까지 찾아왔으면서도 그는 쑥스러워하며 말 한마디 하지 않았다. 그저 간호사들의 얼굴과 중환자실을 두리번두리번 살필 뿐이었다. 그리고는 눈물을 그렁그렁거리며 고맙다고, 고개를 푹 숙여 짧은 인사를 하고 떠났다.

퇴원을 앞두고 중환자실을 찾은 그의 마음은 무엇이었을까. 물론 우리에게 고마움을 전하고 싶은 마음도 있었을 것이다. 하지만 마지막 그렁거리며 중환자실을 둘러보던 그의 눈에서는 비장함까지 느낄 수 있었다. 그는 이곳을 잊지 않기 위해 다시 들린 것이 아닐까? 또 다른 삶을 앞두고, 삶 자체를 위한 치열했던 사투를 잊지 않기 위해서. 죽을 뻔한 고비를 두 번이나 넘긴 자신의 기적을 되새기기 위해서가 아니었을까.

간 때문이야

장기 기증이란 단순한 치료가 아닌
누군가의 희생으로 이루어진 기적 같은 희망이다.

최근 우리 중환자실의 핫이슈는 간 이식Liver transplantation이었다. 병원 자체에서 간 이식을 시행한 지 몇 해 되지 않았고, 최근 꾸준히 개척해 나가는 중이다. 의사들도 외부에서 교육을 받고, 프로토콜을 공유하며 함께 노력했다. 사실 처음 교육을 받고, LT 환자를 받을 때 중환자실은 혼돈 그 자체였다. 수술 자체도 어렵지만 수술 후 관리가 까다롭기 때문이다.

흔히 장기 이식은 말기 환자의 치료 방법 중 하나이다. 실제로 전혀 가망 없는 상태로 중환자실에서 있다가 이식 수술 후 건강하게 병실로 가는 걸 보면 의학의 힘을 실감할 정도였다. 타인의 장기를 내 몸에 가져온다는 게 쉬운 일은 아니지만 그만큼 마지막 희망에 가까운 일이기도 했다.

간 이식 환자의 경우 타인의 장기가 몸 안에 들어오는 것이기 때문에 거부반응이 나타날 수 있다. 이식받은 장기를 이물질로 인식해 공격할 수 있기 때문에 이를 막기 위해 면역억제제를 먹어야 한다. 면역이란 외부에서 침입한 병균으로부터 우리 몸을 방어하는 작용이다. 그리고 면역억제제는 우리 몸의 면역 기능을 인위적으로 억제하는 약물로 외부 장기의 거부반응을 줄여 주지만 감염의 위험이 높아지는 부작용이 있다. 그래서 간 이식 수술을 하고 나면 무균치료실에서 역격리 치료를 받아야 한다. 간이 신체에 잘 적응하여 제 기능을 할 수 있을 때까지 인공호흡기, 신 대체요법 등 다양한 치료가 이루어진다.

간 이식의 대략적인 과정은 아래 국가건강정보포털의 의학정보를 참고하도록 하자.

> 말기 간 질환 환자들은 원인은 다양하지만 우리나라에서는 만성 B형 간염이 가장 흔한 원인이고, 최근에는 알코올성 간질환이나 만성 C형 간염에 의한 경우가 증가하고 있는 추세이다. 대개 수술 후에 회복되는 첫 일주일은 중환자실에서 격리되고 매우 세심한 관찰을 요한다. 각종 혈액검사를 자주 시행하여 그 결과에 따라 면역억제제와 전해질 등을 조절한다. 식사는 장운동이 돌아오면 가능한 빨리 시도하도록 하고, CT를 촬영하여 수술 부위를 관찰한다. 이후 일반 병실로 가면 혈액검사의 횟수를 줄이고, 식사를 충분히 하고, 적절한 운동을 하게 함으로써 회복을 돕는다. 그래서 대체적인 입원기간은 중환자실에서 일주일 정도, 병실에서 이삼 주 정도의 기간이 필요하고 수술 후 환자의 상태에 따라서는 한두 달간 입원하기도 한다.

'중환자실에서 일주일 정도 매우 세심한 관찰을 요한다.'라는 짧은 문장 안에는 참 많은 노력이 함축되어 있다. 간 이식 수술이 활성화되면서 최근 중환자실 격리실은 비어 있는 날이 없었다. 횟수가 잦아지고, 케이스가 익숙해지면서 담당 간호사가 3년 차인 내 연차로 내려왔다. 치료 방법 자체도 특수하고, 무엇보다 일대일 간호를 하면서 기억에 남는 일이 많았다.

내가 왜 이렇게 된 거죠?

앞서 설명했듯 간 이식 환자는 면역억제제를 투여하므로 역격리가 필요하고 간호할 때 무균술을 철저하게 지켜야 한다. 담당 간호사는 멸균모자, 멸균가운, 마스크에 장갑까지 철저하게 착용하고 감염 위험에 특히 유의해야 한다. 격리실 안의 공기는 답답하다. 8시간 넘게 그 안에 있으면 아무것도 하지 않아도 땀이 절로 난다.

간 이식 환자는 큰 수술을 받은 만큼 몸에 가지고 있는 것도 많다. 수술 후 인공호흡기, CRRT 적용은 거의 기본이고 들어가는 약도 알부민, 면역억제제, 항바이러스제 등 다양하다. 매일 몸무게에 맞춰 약 용량을 조절하고, 스케줄에 따라 다른 약을 투여한다. CT와 초음파도 포터블portable로라도 정기적으로 시행해 수술 부위를 확인하고, 배액 양상과 배액량도 잘 체크해야 한다.

간 질환 환자는 혈중 암모니아 수치가 높아져 듀파락 관장을 하거나, 혈소판 등을 수혈하는 일이 잦을 수 있다. 컨디션이 좋아지면 최대한 빨리 식사를 진행하고, 물과 식사는 당분간 멸균식으로 먹게 된다. 그리고 몸에 꽂힌 관을 주렁주렁 달고서도 일어서고, 한 발짝씩 내딛는 연습을 하도록 격려한다. 그 모든 행위가 격리실 안에서 시행되니 꼬박 일주일 넘게 외부와 완전히 차단된 생활을 하게 된다. 간 이식 환자는 이래저래 손이 많이 가고, 중증도가 높은 편이다. 그중 유독 기억에 남는 한 환자분이 있었다.

그 환자분은 만성 B형 간염이 원인이었다. 사십 대 중반 젊은 나이로 스무 살이 안 된 어린 자녀들이 있었고, 수술을 받기 전부터 컨디션이 좋지 않았다. 환자분은 수술 후 일주일이 넘도록 눈에 띄는 호전이 없었다. 인공호흡기는 뗐지만 신장이 망가져 투석을 계속 돌려야 했고, 혈압도 불안정했다. 관장을 일주일 넘게 하면서 암모니아 수치는 떨어졌지만 의식은 여전히 혼미했다. CT 결과 간 이식 자체는 잘 되었지만 전반적인 검사 수치나 컨디션이 따라주지 않았다.

그러다 보니 밥 한 숟가락 스스로 들지 못하였고, 식사보조만 1시간이 넘게 걸렸다. 물 한 모금, 죽 한 숟가락 먹기 위해서 그 '꿀꺽' 하는 목 넘김조차 오 분이 넘게 걸렸다. 눈도 잘 뜨지 못하고 힘이 없는 환자분을 큰 소리로 부르자 겨우 눈을 뜨고 정신을 붙든다.

"환자분 정신 차리세요. 눈 뜨고 식사 좀 드셔보세요. 밥을 잘 드셔야 회복이 되죠. 아~ 해 보세요. 아~."

음식을 입에 넣어드렸지만 오 분 넘도록 삼키지 못하고 머금고만 있는다. 그러다 결국 그대로 입 밖으로 흘려버리고 만다. 담당 간호사인 나는 애가 탄다. 답답하고 속상하지만 환자분을 붙들고 다시 숟가락을 입에 갖다 댄다.

"환자분 삼키셔야 해요. 한 입만 더 드세요. 한 입만요."

내 독촉에 환자분은 갑자기 울컥한 표정으로 왈칵 눈물을 보이셨다. 기운 없는 목소리로 꺼이꺼이 우셨다. 의식이 온전하지 않기는 했지만 그 표정만은 진짜였다. 그리고는 띄엄띄엄 힘들게 말씀하셨다.

"내가 왜 이렇게 된 거죠? 너무 힘들어요. 살려주세요."

나는 순간 움찔하였고, 더 이상 곁에서 식사를 강요할 수 없었다. 치료라는 명목으로 내가 환자분을 너무 몰아세운 건 아닌가 싶어 죄송하였다. 마치 실오라기 하나 걸치지 않은 가장 연약한 인간을 본 듯 하였다. 그 숨김없는 괴로움과 눈물 앞에 '내가 뭘 하고 있는 건가' 하는 생각까지 들었다. 나는 그 서러운 울음소리에 머쓱하고 착잡해 잠깐 자리를 피했다.

그리고 며칠 후 환자분은 컨디션이 더 악화되었다. 기관 삽관intubation도 다시 하고, 이제는 가망을 기대할 수 없는 상태가 되었다. 쓸 수 있는 모든 약을 다 써도 혈압은 오르지 않았고, 산소포화도도 회복되지 않았다. 이대로 보내기는 너무 안타까웠다. 꺼이꺼이 울던 모습도 떠올라 나는 오늘 출근하면 그 분이 없을까 봐 며칠을 마음 졸였다. 사나흘 넘게 쏟아 부은 노력에도 더 이상 해 줄 수 있는 게 없다는 결론이 났고, 담당 의사는 보호자에게 연락을 해 달라고 하였다.

보호자는 어린 아들 둘뿐이었다. 나는 열아홉 살 큰아들에게 전화를 걸었다. 면회시간마다 꼬박꼬박 함께 오던 형제였다. 격리실에 있으면 면회를 와도 격리실 밖 창문 너머로 밖에 볼 수 없다. 묵묵한 두 형제는 창문 너머로 아버지를 바라보며 호전 없는 모습에 표정이 좋지 않았다. 의식 없는 아버지와 대화 한 번 제대로 나누지 못한 채 늘 바라보고만 가던 그들에게 더 안 좋은 소식을 전해야 한다니 마음이 괴로웠다. 너무 오래 그 환자와 보호자를 봤다는 생각이 들 만큼 나는 감정이입을 하고 있었다. 그리고 사망 가능성에 대해 설명을 한 다음 날, 결국 그 분을 내가 보내드리게 되었다.

보호자 대기실에서 밤새 대기를 한 형제는 아버지의 부고 소식에 금방 달려왔다. 지친 얼굴이지만 어깨만은 씩씩하게 세우고 있었다. 환자분의 친구분들도 함께 와주었고, 아들 둘과 친구분이 모두 모인 자리에서 담당의사는 사망 선언을 하였다. 그리고 형제는 그제야 가까이서 아버지의 얼굴을 볼 수 있었다.

사투의 흔적으로 예전 얼굴은 찾아볼 수 없는 낯선 고인이다. 형제는 놀란 표정이지만 한결같이 의연한 태도였다. 오히려 그 힘이 들어간 어깨에 내가 눈물이 났다. 정말 괜찮아지시기를 바랐는데, 적어도 내 때 보내드리고 싶지는 않았는데…….

나는 눈물을 참지 못했지만 형제 앞에서 눈물을 보이고 싶지는 않아 마스크를 더 치켜세워 얼굴을 가렸다. 영안실로 내려가기 전 마지막으로 유품을 챙겨주며 작은 두 형제의 어깨를 쓰다듬어 주었다. 우리도 너무 안타깝다고, 앞으로도 힘내라고 말해 주었다. 그러자 큰아들은 내게 "그동안 고생 많으셨습니다. 감사합니다." 하고 고개를 푹 숙여 숙연히 인사를 하고는 떠났다.

한 환자를 일대일로 이 주 넘게 돌보아서였는지, 보호자가 너무 어려서인지, 약한 모습을 보고 말아서였는지 모르겠지만 나는 한동안 격리실을 볼 때면 그분 생각이 나 기분이 착잡했다. 거의 매일 보는 누군가의 죽음이지만 유독 안타깝고 간절했던 기억이다.

장기 기증이란 단순한 치료가 아닌 누군가의 희생으로 이루어진 기적 같은 희망이다. 이름 모를 누군가의 선한 의도, 희망 앞에 우리는 두 개의 목숨이라는 생각으로 더욱 최선을 다하고자 했다. 그 희망의 불빛이 결코 꺼져서는 안 될 것이기에.

환자복을 입은 벌거벗은 사람

당신은 환자가 되어

본 경험이 몇 번이나 있나요?

누구나 환자복을 입는 순간 환자가 된다. 사회적인 지위, 역할과 상관없이 일단 병원에 오게 되면 나라는 옷을 벗고, 환자라는 옷을 입어야 한다. 환자의 사전적 정의는 의사와 보건진료 요원의 보호와 치료를 받는 사람이다. 자신이 누구인지보다 어떤 질병을 앓고 있는지가 우선이 되는, 도움을 필요로 하는 절대적으로 수동적인 역할의 사람이다.

최근에는 의료서비스도 말 그대로 서비스, 상품으로 취급되는 분위기이다. 환자 우선, 친절을 화두로 모든 병원이 더 좋은 서비스를 제공하고자 노력한다. 병원의 본질은 치료를 얼마나 잘 하느냐이겠지만 시대가 흐르면서 병원도 다양한 마케팅과 서비스를 통해 살아남아야 한다.

예전에는 의료진과 소통하거나 병원에 불만을 이야기하기 어려웠지만 지금은 수평적인 관계를 형성해가기 위해 노력하고 있다. 가끔은 의료인이 아닌 서비스직이라고 느껴지기도 할 만큼 과한 서비스 요구를 받기도 하지만 수평적 관계 형성을 위한 노력은 분명 필요하다. 그런 노력에도 불구하고 환자복을 입고 그 입장에 처하게 되면 누구나 어쩔 수 없이 작아지기 때문이다.

입원을 하게 되면 등록번호와 이름표를 받고, 환자복으로 옷을 갈아입는다. 중환자실에 입원하게 될 경우 상황은 더 제한적이다. 거의 대다수가 소변 줄을 끼고 오고, 그렇지 않다 하더라도 기저귀를 착용해야 한다. 스스로 화장실을 가기엔 낙상의 위험도 크고, 수액이나 몸에 착용하고 있는 게 많아 위험할 수 있기 때문이다. 그런데 사실 중환자실에 올 정도라면 본인이 대소변을 가리지 못하는 경우가 대부분이다. 또 스스로 움직이거나 자세를 바꾸는 것도 어려운 경우가 많아 간호사가 체위변경을 도와줘야 한다. 누군가의 대변을 치우고, 자리를 봐 주는 일이 처음엔 버거울 수도 있다. 우리 부모님도 내가 환자들 대소변까지 다 치운다는 얘기에 놀라기도 하셨으니 말이다. 하지만 대변을 치우는 것만이 아니다. 환자가 대변을 누고 있다면 기다려주면서 그 모양과 양까지 파악해야 하는 게 간호사의 일이다. 힘들기는 하지만 결국 그것도 일이기 때문에 익숙해지곤 한다.

오히려 환자 입장에서, 의식이 있는 환자일 경우 문제가 더 복잡하다. 다 큰 성인이 기저귀를 착용해야 한다든지, 스스로 화장실을 갈 수 없다는 불편감은 상당하다. 수치심을 느끼지 않도록 최대한 배려하는 편이지만 그 사실 자체로 불편해하는 모습을 종종 볼 수 있다. 오죽하면 의식이 온전하지 않은 환자들이 침대에서 내려오려고 하면서 하는 단골 멘트가 화장실에 가야 한다는 말이다. 한결같은 그 모습을 볼 때면 정말이지 능동적으로 화장실을 가고 싶어 하는 인간 욕구의 큰 힘을 느낀다.

당신은 환자가 되어 본 경험이 몇 번이나 있는가? 물론 경험하지 않을 수 있다면 가장 좋겠다. 오랜 질병이나 기저질환으로 병원을 정기적으로 다니는 사람을 제외하고는 비교적 드문 경험이다. 보통 사람들에게 병원은 무섭고, 막연히 나와는 먼 세계처럼 느껴질 수도 있다. 나도 그 유쾌하지 않은 경험을 해 본 적은 없다. 살면서 입원 한 번 하지 않았고 대학병원은 응급실 한 번 빼고는 구경해 본 적도 없었다. 건강하게 타고난 건 굉장히 감사한 일이지만 간호사로 일하다 보면 조금 아쉬울 때도 있다. 내가 겪어보지 못한 통증을 실제 겪고 있는 이들에게 설명하고 위로해 주어야 할 때가 참 어렵다. "1에서 10점까지 점수를 매길 때 한 7점 정도 아픕니다."라는 표현은 피부에 와닿지 않는다. 또 위로를 건네고 싶어도 '많이 아픈 거 알아요. 힘든 거 알아요.'라는 말들도 조심스럽다. 내가 겪어보지 못한 아픔과 절망 앞에서 가끔은 그 말들이 되레 무책임하고 가볍게 느껴지기 때문이다. 그저 최대한 공감하려고 노력할 뿐 여러모로 쉽지 않음을 종종 느낀다.

어느 외부 강연에서 한 교수님께 매우 인상적인 이야기를 들었다. 그 얘기를 통해 나는 환자 경험과 함께해 주는 것에 대해 다시 한 번 생각해 볼 수 있었다.

작은 별

이야기의 주인공은 호스피스 병동의 열여섯 살 환아였다. 소아암으로 오랜 병치레를 한, 학교보다 병원이 더 익숙한 그런 아이였다. 오랜 항암치료와 수차례의 입 · 퇴원 반복에도 암은 커져만 갔고 더 이상 어떤 치료로도 암을 이길 수 없게 되었다. 결국 아이는 시한부 선고를 받고 호스피스 병동에 입원하게 되었다. 우선 호스피스 · 완화의료란 말기 환자와 그 가족에게 통증과 증상 완화뿐만 아니라 신체적, 심리사회적, 영적 영역에 대한 진단과 치료 서비스를 제공하는 의료를 말한다. 편안한 죽음과 마지막을 위한 치료를 하는 곳이라고 생각할 수 있겠다.

호스피스 병동에 열여섯 살 아이라니. 그 아이러니함은 유독 눈에 띄었고, 의료진들과 자원봉사자 등 모든 이들의 안타까움이 쏠렸다. 부모님도 호스피스 병동에 입원은 했지만 차마 아이에게 '네가 살 수 있는 날이 얼마 남지 않았다'고 말을 할 수가 없었다.

어느 날은 자원봉사자분이 아이에게 먹고 싶은 게 없냐고 물었다. 아이는 갈비가 먹고 싶다고 하였다. 그러다 잠시 후 그렇지만 좀 참을 거라고 하였다. 이유를 묻자 아이는 순진한 눈으로 말했다. "곧 집에 가서 엄마 아빠랑 같이 먹을 거니까 괜찮아요"라고 하였다. 그 말을 듣는 자원봉사자분은 마음이 턱 막혔다. 그 의심 없이 확고한 눈에 대고 '아니야, 너는 이제 집에 갈 수 없을 거야. 집에 가서 엄마 아빠와 고기를 구워먹을 날은 오지 않을 거야'라고 어떻게 말할 수 있겠는가.

그 이야기 후 얼마간 시간이 흘렀고, 이제는 부모가 아이에게 사실대로 말을 해야만 하는 시기가 왔다.

"오늘 갈비 먹자. 우리 앞으로 집에 가지 못할 거야."

그제야 상황파악이 된 아이는 작은 어깨 위 희망을 내려놓게 된다.

그 후부터 아이는 아무것도 하지 않으려 하면서 무기력하게 하루하루를 보낸다. 그 모습이 안타깝고 답답했던 자원봉사자분은 뭐라도 좀 하자. 힘을 내라고 말하였고 아이는 발끈해서 말했다.

"아줌마는 병원에서 시키는 대로만 해 봤어요? 케모 해 봤어요? 그랬는데 ……이제 와서 곧 죽는다고 하는데…… 내가 뭘 해야 하나요…… 뭘 할 수 있어요, 지금?"

참았던 말을 쏟아내는 아이도, 그 이야기를 함께 듣던 모두가 울었다. 누구도 섣불리 말을 꺼낼 수 없었고 잠시 후 자원봉사자 분이 아이를 껴안으며 말했다. "같이 울어줄게. 함께해 줄게."라고 하였고 모두가 눈물로 아이 곁을 지켰다.

그리고 다음 날 자원봉사자들은 따로 모여 비밀회의를 하였다. 아이에게 힘이 돼주고 싶었던 그들은 머리를 맞대고 함께 고민하였다. 진짜 할 수 있는 게 없을까? 아니다, 있다! 가족들과 친구들에게 편지를 쓰자는 제안이 나왔고, 아이는 묵묵히 고개를 끄덕였다. 병문안 와주었던 학교 친구들과 병원 선생님들 그리고 엄마 아빠 동생에게 차근차근 편지를 썼다. 그러나 얼마 후, 미처 그 편지를 다 전해 주지 못한 채 아이는 작은 별이 되어 돌아가고 말았다. 아이가 떠나고 편지를 받은 아버지는 병원 비상계단에서 짐승처럼 울었다. 늘 무너짐 없이 꿋꿋하던 아버지였지만 편지를 끌어안고 주저앉아 짐승처럼 엉엉 울었다.

내가 채 한 달도 살지 못한다면 나는 무얼 할 수 있을까? 무엇이 과연 위로가 될까? 어떤 멋진 선물도, 맛있는 음식과 돈도 아닐 것 같다. 아무리 생각해봐도 그저 소중한 이가 옆에 있어 주길 바랄 것 같다. 함께해 준다는 건 단순히 머무르는 행위 이상의 위로가 된다. 내가 곧 이 세상에서 영원히 사라질지라도 지금 이 순간 결코 혼자가 아님을, 아니었음을 느끼게 해 주는 따뜻한 위로이다.

누군가의 고통 앞에서 그 곁을 지켜준다는 것은 그 고통을 함께 나누는, 나누고자 노력하는 것이다. 함께해 준다는 것의 가치는 거기에 있다. 우리가 타인의 아픔과 고통을 결코 이해할 수는 없지만 나누고자 애써보겠다는 진심이 담겨 있기에 그것은 늘 힘이 된다. 비록 덧없이 짧은 삶이었을지라도 아이는 외롭지 않았을 것이다. 늘 함께해 주는, 함께하려 했던 누군가가 있었기에 작은 별이 된 마지막 순간까지 반짝반짝 빛을 잃지 않았을 것이다.

또 '아줌마는 병원에서 시키는 대로만 해 봤냐'는 아이의 항변은 내 마음을 움찔하게 했다. 의료진과 병원은 당신의 생명과 건강을 위한 것이란 명목으로 환자에게 적극적 협조를 요구한다. 병원에 오게 되면 그것이 암묵적인 룰이 되고 환자는 병원에서 시키는 대로 할 수밖에 없다. 하지만 짧은 인생을 병원에서만 살고, 늘 수동적인 입장으로만 살았던 아이는 삶의 끝자락에서 불합리함을 느낀다. 마치 그 짧은 항변 안에는 '병원에서 시키는 대로만 하면 집에 갈 수 있다고 했잖아요.'라고 하는 것 같다. 정말 가슴 미어지는 불합리함이지만 또 과연 누구를 탓할 수 있을 것인가.

공감의 깊이

'Sympathy'와 'Empathy'의 차이를 아는가? 둘 다 연민, 공감으로 비슷한 의미이지만 그 깊이가 다르다. 'Sympathy'는 동정, 연민이라는 뜻으로 타인의 아픔을 머리로 이해하는 것이다. 'Empathy'는 감정이입에 더 가까운 공감으로, 그 상황에 자신을 대입하여 가슴으로 이해하는 것이다. 두 단어의 차이는 아래의 글, 정여울 작가의 책 《그림자 여행》 중 일부를 통해 잘 느낄 수 있다.

> 내 삶을 파괴하지 않을 정도로만 적당히 남을 걱정하는 기술이 연민sympathy이라면, 내 삶을 던져 타인의 고통과 함께하는 태도가 공감empathy인 것이다. 즉 당신이 지금 겪고 있는 고통은 혹시 상황이 달랐다면 바로 내가 겪을 수 있는 고통임을 인정하는 것이 공감의 시작이다.
>
> 요컨대 연민은 '그들은 고통 받지만 나는 안전하다'는 판단으로 타인의 고통을 머나먼 3인칭의 문제로 만든다면, 공감은 '당신의 고통은 바로 나의 고통일 수도 있다'는 가능성을 인정하고 진심으로 아파하는 뜨거운 2인칭의 문제다. 연민은 '그들'을 향하고, 공감은 '그대'를 향하는 것이다. …중략… 공감은 지금 누군가 고통받는 그 자리로 달려갈 수 있는 용기의 시작이며, 타인의 고통을 걱정의 대상이 아니라 내 삶을 바꾸는 적극적인 힘으로 단련시키는 삶의 기술이다.
>
> 정여울, 《그림자 여행》 중

앞으로도 누군가, 특히나 환자에게 공감하는 일은 쉽지 않을 것이다. 환자복을 입은 벌거벗은 그들에게 섣부른 위로도 건넬 수 없을 것이다. 그럼에도 왠지 함께해 주는 것만은 할 수 있을 것 같다. 그로 인해 나는 바란다. 'Sympathy'가 아닌 'Empathy'의 깊이를 가진 사람이기를 바란다.

잘 부탁드립니다

"이렇게 보낼 수 없어요…….

제발 잘 부탁드려요."

보호자는 의료행위에 직접적으로 참여하지 않는다. 병실에서는 환자 곁에서 직접 환자를 돌볼 수 있지만 중환자실에 오면 하루 두 번 면회 때밖에 볼 수 없다. 30분이라는 면회시간은 짧디짧고 그 짧은 면회시간에도 간호사나 의사는 영 바빠 보인다.

언제나 바빠 보이는 그들. 내 환자 내 가족에게 좀 더 특별히 신경 써 주었으면 하는 그들은 어렵게만 느껴진다. 지나치게 침착한, 특유의 당연하다는 듯한 태도와 말투는 보호자나 환자를 주눅 들게 하기도 한다. 그 바쁨이나 업무적인 말투, 행동이 서운하게 느껴질 수도 있지만 어느 정도는 어쩔 수 없는 것 같다. 의료진들은 매일같이 보는 게 환자이고, 질병이므로. 또한 의료행위에는 분명

한 우선순위가 있다. 의료진은 대개 그 보이지 않는 우선순위에 따라 일을 처리하며 조금은 무뎌질 필요도 있다. 그렇지 않다면 그들도 사람인데 어떻게 그 일을 계속해 나갈 수 있겠는가.

그럼 보호자들의 시선은 어떨까? 우선 그들은 내 어머니, 내 할머니임에도 불구하고 직접적으로 의료행위에 참여할 수 없다. 의료진에게 대부분의 치료를 맡겨야 하고 보호자가 할 수 있는 건 그저 "잘 부탁드린다"고 부탁하는 것뿐이다. 그로서 잘 부탁드린다는 말은 의료인들이 가장 일상적으로 듣는 말이 된다. 하지만 그 흔한 말에 유독 묵직한 진심이 담겨 있음을 느낄 때가 있다.

뇌졸중으로 갑작스럽게 쓰러져서 온 서른세 살 여성 환자가 있었다. 응급실을 통해 왔고 고혈압이 있었다는 것 외에는 특이 과거력이 없었다. 그 전까지는 병원에 올 일도, 병원을 정기적으로 다닌 적도 없었기에 고혈압 치료도 따로 하진 않은 듯했다.

그녀는 식당에서 일을 하다가 쓰러졌다고 하였다. 쓰러지면서 한 번, 응급실에서 한 번 총 두 번의 심폐소생술을 겪었고, 뇌 손상이 의심되었다. 응급실에 도착해 곧바로 CT와 MRI 촬영이 이루어졌다. 그리고 잠시 후 확인한 그녀의 뇌 사진은 탄식이 새어나올 만큼 절망적이었다. 이미 혈종이 너무 크게 자리 잡아 수술조차 시도해 볼 수 없는 상태였다. 이내 보호자들이 도착하였고 남편과 여동생, 세 살쯤 돼 보이는 아이까지 있었다.

그렇다. 너무 갑작스럽고, 너무 젊은 나이였다. 세 살짜리 아이는 중환자실에 들어올 수 없다. 엄마를 찾는 아이의 목소리가 중환자실 문 앞에서 생생히 들렸다. 아이를 달래며 남편분은 밖에서 기다리고 동생분과 교대로 면회를 하였다. 이미 너무 울어 눈이 시뻘겋게 변한 동생분은 담당간호사를 찾았고, 손을 잡으며 말했다.

"우리 언니, 짧은 삶이지만 정말 고생만 했어요. 이렇게 보낼 수 없어요……. 제발 잘 부탁드려요."

무거울 만큼의 진심이었다. 고생만 했다는 말, 이렇게 보낼 수 없다는 말에는 그 누구도 항변할 수 없는 신실한 진실뿐이었다. 떨리는 목소리와 낯설지만 따뜻한 손이 가슴에 와닿고 파고들었다. 이제 막 커가는 세 살짜리 아기를 키우려면 한참 열심히 일했을 것이고, 아직 채 여유도 누려보지 못했을 것이다. 그저 앞날만 바라보며 열심히 살아가던 중에 뇌졸중이 그녀를 덮쳤을 뿐 그녀의 잘못은 아무것도 없었다.

그 간절한 손에도 우리가 해 줄 수 있는 것은 없었다. 그저 눈물 닦으시라고 휴지 건네고 손 잡아드리는 것밖에 할 수 없었다. 돌이킬 수 없음을 그녀도 알고, 우리도 알았다. 하지만 그녀는 그렇게라도 누군가를 무언가를 붙잡고 싶었던 것이다. 그게 그녀가 할 수 있는 유일한 일이었으므로.

보호자들은 하루, 근무 8시간 내에도 몇 번이고 면담을 원했다. 하지만 이미 혼수상태였고, 호전을 기대하기 힘들다는 안타까우면서도 확고한 답변만이 돌아왔다. 결국 그들은 받아들이지 못하였고, 서울의 큰 병원으로 전원을 원하였다. 하지만 기계 호흡에 의존하고 있으면서도 호흡이 불안정하였고, 아직 충분히 고비를 넘긴 상태도 아니었다. 의료진들은 위험할 수 있다고 전원을 만류하였지만 충분한 설명에도 보호자들의 태도는 강건하였다. 우리는 그들의 의사를 존중할 수밖에 없었다. 그리고 안타깝게도 전원 가던 앰뷸런스 안에서 또 다시 심정지가 왔고, 환자분은 영영 돌아오지 못하였다.

그 소식을 듣고 무리하게 전원을 가지 않았더라면 하는 작은 아쉬움도 들었다. 그러나 또 금세 과연 누구를, 무엇을 원망할 수 있을까 싶었다. 보호자들의 간절한 마음을, 아주 작은 희망이라도 붙들고 싶은 그 마음을 누가 감히 탓할 수 있을까. 어느 때보다 잘 부탁드린다는 말이 오래 오래 가슴에 남았다.

오직 사람뿐

반복되는 일에 어쩔 수 없이 무뎌지더라도,

사람에게 무뎌지지는 말아야 한다.

간호사는 의료인이면서 동시에 서비스직 종사자이다. 하나부터 열까지 사람을 상대하는 일이다 보니 사람이 버거운 순간이 종종 있었다. 미워하고 싶지 않은데 자꾸만 사람이 미워지는 순간들 틈에서 나는 그 마음과 싸워야 했다.

미워할 수 없는 환자

의식이 온전하지 않은 환자분에게 뒤통수를 맞은 적이 있다. 출근할 때만 해도 말끔한 분이셨는데 자신을 내보내달라며, 살려달라며 침대에서 내려오고 폭력적으로 행동하셨다. 아무리 설명을 해도 말이 통하지 않았고, 주사까지 잡아 뜯어 시트를 피로 물들이고 마셨다. 결국 나는 보호자에게 상황을 설명한 후 신체 억제대Physical Restraints를 적용할 수밖에 없었다.

처음에는 혼자 하려고 하였는데 도무지 힘을 당해낼 수가 없었다. 전직 경찰이셨던 할아버지는 칠십이라는 나이에 비해 힘이 어마어마하게 세셨다. 혼자 끙끙거리고 있던 찰나에 주변 선생님들이 도와주셨고, 여자 네 명이 달라붙어서 겨우 억제대를 적용할 수 있었다. 그리고 안도하며 무심코 뒤돌아선 순간, 할아버지의 주먹이 내 뒤통수를 퍽퍽 갈겼다. 머리가 핑 돌고 뒤통수가 후끈했다. 아까도 그렇게 힘을 쓰시더니 할아버지는 결국 내 뒤통수에 그 엄청난 힘을 자랑하고 마셨다. 결국 진정시키는 약물까지 투여되었고, 얼마 후 환자분은 안정을 되찾으셨지만 내가 받은 충격은 쉽게 가시지 않았다. 사실 통증 그 자체보다 막연한 서러움에 눈물이 핑 돌았다. 누구에게 주먹으로 맞아본 일이 없으니 일단 놀랐고, 이러려고 이 일을 한 게 아닌데 싶어 서러웠다.

무사히 일을 마치고 퇴근 길에 나는 곧장 엄마께 전화를 걸었다. 짧은 하소연을 하는데 엄마는 나를 위로해 주기보단 그 분의 입장을 대변했다.

"그 환자도 살겠다는 의지가 그만큼 강한 거 아니냐. 오죽 무서웠으면 그랬겠냐. 너가 이해해라"라고 하셨다.

그렇다. 그 분의 두려움, 마음까지 들여다볼 여유가 내겐 없었다. 그 환자분이 하나도 원망스럽지 않았다면 거짓말이다. 그래도 엄마의 이야기를 듣고 나니 '그래, 그 분도 일부러 그런 건 아닐 거야'라는 생각이 들었다. 그리고 나는 어차피 또 내일 그 환자분을 봐야만 했다. 엄마의 말에 백 퍼센트 수긍이 되진 않았지만 그래도 아픈 분이시니까, 환자분이니까 하면서 미움으로 치닫던 내 마음을 달랬다. 그리고 다음 날 다시 만난 환자분은 억제대도 다 제거하고 처음처럼 말끔한 모습이셨다. 몸 상태가 좋아지셔서 곧 병실로 갈 예정이었다. 나는 어제의 아린 기억이 떠올라 환자분을 살짝 째려보며 말했다.

"할아버지, 저 기억나세요?"

어르신은 일체의 의심 없는 눈으로 기억이 나지 않는다고 하셨다. 그 악의 없는 선한 눈은 진실을 말하고 있었다. 그래서 그냥 '에이 뭐야~ 역시 기억도 못하시는 구나' 하고 말았다. 그리고 또 정신없이 일을 하다가 그 분이 병실로 갈 때가 되었다. 나는 엘리베이터 앞까지 마중을 하였고 무심코 돌아서던 찰나에 그 분이 내 팔을 붙잡으셨다. 그리고는 마음속 미처 못다 한 말을 꺼내듯 우물쭈물 미안하다고 사과를 하셨다. 잘 기억은 나지 않지만 자기가 힘들게 한 게 있다면 미안하다고 하셨다. 그 분의 갑작스런 사과에 나는 당황했다. 그 선한 눈은 여전히 진심을 말하고 있었다. 나는 아니라고 괜찮다고 답하였고, 웃으면서 그 분을 병동에 보내드릴 수 있었다. 환자분을 보내고 혼자 중환자실로 걸어 들어오면서 나는 문득 부끄러웠다. 그 일을 내려놓지 못하고 있던 것도, 오히려 미움을 품고 있는 것도 나 자신뿐이었다는 생각이 들었다. 그제야 나는 내 마음속 작은 미움까지 완전히 내려놓을 수 있었다.

보호자의 마음으로

내가 근무하는 중환자실은 출퇴근 엘리베이터를 타려면 보호자들이 대기하고 있는 곳을 지나칠 수밖에 없는 구조이다. 사실 근무복을 벗은 출퇴근길에는 간호사임을 알아보기 힘들다. 그런데 가끔 퇴근하려고 엘리베이터 앞에서 기다리고 있을 때 보호자분들이 말을 걸어올 때가 있다. 환자 상태라든지 이것저것 물어보시거나 요청사항을 말씀하시고는 한다.

그렇지만 이미 퇴근하는 길이고, 설명을 드리기도 애매해서 불편하게 느껴지는 게 사실이다. 그래서 요구사항을 들어드리긴 하지만 조금의 불편함은 숨길 수 없이 드러났을 것이다. 그런데 외할머니의 입원으로 보호자 입장이 되어 보니 내 작은 불편함보다 그 분들의 간절함이 더 크게 느껴졌다.

자궁 경부암을 앓으셨던 외할머니는 올해 초 결국 요양병원으로 입원을 하셨다. 병문안을 가서 간호사분들께 부탁할 일이 있거나 음료수라도 전해드릴 일이 있으면 엄마는 꼭 나를 시키셨다. 늘 보는 곳과 크게 다를 것 없는 간호사 스테이션이지만 작은 부탁이라도 하려 하면 불편감이 앞섰다. 혹시나 귀찮아하지는 않을까 눈치를 보게 되는 것도 같았고, 보호자와 의료인이라는 그 관계 자체가 어딘가 기가 눌리는 기분이었다. 그래서 그 분들의 작은 미소나 간단한 설명만으로도 불편하던 마음이 가라앉고 고마움이 크게 다가왔었다.

내 소중한 누군가가 중환자실, 저 차갑고 무서운 곳에 홀로 누워 있다면 애타는 마음은 훨씬 더 클 것이다. 그래서 보호자들도 머쓱하고 이미 퇴근길이라는 걸 알고 있으면서도 붙들 수밖에 없었을 것이다. 거기까지 생각이 미치니 내 작은 불편밖에 보지 못했던 내 마음이 좁디좁게만 느껴졌다.

또 일을 하며 느끼는 고마운 순간 중 하나는 환자나 보호자들에게 고맙다는 말을 들을 때였다. 그중에서도 중환자실에서 일하다 보니 특이했던 경험은, 환자가 건강해졌을 때만 고맙다는 말을 듣는 게 아니라는 것이었다. 환자가 사망하고서도 고마웠다는 말을 듣기도 하였다.

오랜 병치레를 하고, 보호자들도 마음의 준비를 충분히 한 상태에서 환자분이 사망하시면 "그동안 고마웠어요"라고 말하는 분들이 있었다. 반복되는 입퇴원과 치료로 이미 담당 간호사의 얼굴도 익숙하고, 간호사도 보호자분들이 익숙하다. 긴 병은 환자뿐만 아니라 보호자들도 지치게 하였을 테고, 이미 병간호를 몇 년이고 계속해온 그 분들은 그동안의 노고를 누구보다 잘 안다는 표정이었다. 함께 고생하고, 함께 애쓴 서로에게 담담한 눈빛으로 전하는 고마움이 있었다. 환자가 건강해져서 고마움을 느끼는 건 어떻게 보면 온전히 의료진을 향한 말이 아니기도 하다. 그 운명에 고맙다는 표현일 수 있고, 환자의 회복은 의료진에게도 그 자체로 힘이 된다. 그러나 환자가 결국 사망하고 중환자실을 떠날 때 듣는 고맙다는 말에는 더 큰 묵직함이 있었다. 또 그 말에는 그 동안 최선을 다해줘서 고맙다는 말이 함축되어 있는 것 같았고, 나는 나 자신의 최선을 돌아보게 되었다. 그래서 마지막에 듣는 고마웠다는 말과 정성 담은 묵례는 다른 때보다 더 귀하게 다가왔다.

간호사는 의료인이면서 동시에 서비스직 종사자이다. 매일 매일 환자와 보호자들을 대하다 보니 나도 모르게 출근하면서 바라는 건 '오늘도 무사히', '오늘도 평화롭게'일 때가 많다. 환자가 안 좋아져서 좋을 건 누구에게도 없으니 그릇된 바람은 아니지만, 그 마음이 지속되면 내가 하는 일이 사람을 위하는 일이라는 사실에 무뎌지기도 한다.

커피를 내리는 것도, 건물을 짓는 것도, 자동차를 만드는 것도 결국 모두 사람을 위한 일이다. 그리고 그중에서도 우리가 하는 일은 가장 겁에 질린, 가장 약한 사람을 상대하는 일이다. 의료진은 열 번도 더 본 질병, 비교적 간단한 치료라 할지라도 환자와 보호자에게는 일생일대의 첫 경험, 가장 무서운 질병일 수 있다. 반복되는 일에 어쩔 수 없이 무뎌지더라도, 사람에게 무뎌지지는 말아야겠다. 사람이 버거운 순간도, 미워지는 순간도 있겠지만 결국 그 감정도 사람을 위하는 마음으로 이겨내야 함을 잊지 말아야 할 것이다.

외할머니의 부고

충분한 추억은 없고, 충분한 이별도 없다.

지금도 그리움이 문득문득 고개를 드민다.

150cm의 바다

내 외할머니는 자궁경부암을 앓으셨다. 항암치료를 1년 정도 받으신 후 완치판정하에 퇴원해 집에서 생활하셨다. 그렇게 5년 넘게 잘 지내시던 중에 통증이 야금야금 할머니를 덮쳐왔다. 일상생활이 불가능할 정도로 통증은 심해졌고, 나중에는 잘 걷지도 못하셨다. 병원에 가서 검사를 해 보니 이미 암이 척추와 뼈 등 몸 곳곳에 다 전이가 된 상태였다. 더 이상 어떤 치료로도 암을 이길 수 없는 마지막 단계를 '말기terminal period'라고 한다. 결국 암치료를 포기하고 요양병원으로 입원을 하셨고, 마지막엔 호스피스 병동에 계셨다.

내게 외할머니는 부산을 고향으로 느끼게 만드는 분이셨다. 실제로 고향이 부산이긴 하지만 늘 그곳에 할머니가 계셨기에 부산은 나의 고향일 수 있었다. 할머니는 어릴 적 맞벌이하는 부모님을 대신해 동생과 나를 방학 때마다 돌보아주셨다. 그리고 최근엔 어린 친척동생을 10년 가까이 키워주셨다. 가족들뿐만 아니라 손자 손녀 모두 150cm 남짓의 그 작은 품을 거쳤다.

할머니는 그 시대 여느 어른들처럼 제대로 된 교육은 받지 못하셨지만 훌륭하게 칠 남매를 키우셨다. 내가 기억하는 할머니는 늘 남에게 고맙다, 미안하다 말밖에 할 줄 모르는 분이셨다. 자신이 글을 모르는 것에 늘 남들에게 미안해하셨고, 불합리한 상황에서도 싫은 소리 한번 할 줄 모르는 분이셨다. 평생을 가족들을 위해 살고, 욕심도 마음의 그을림도 없이 소박한 삶을 사셨다.

할머니 댁에 갔다 집에 돌아갈 때면 나는 늘 할머니를 안아드렸다. 내 키의 절반 조금 넘는 그 작은 품을 끌어안으면 온 마음이 뭉클해졌다. 내가 꼬옥 안아드리고 나면 할머니는 언제나 눈물을 흘리셨다. 멀리까지 보러 와줘서 고맙다고, 건강해줘서 고맙다고. 늘 고맙다고 말하시며 여린 눈물을 보이고는 하셨다. 그리고 언제나 아픈 다리를 이끌고 마중을 나오셨다. 자신의 아쉬움과 애틋함은 뒤로 한 채 손녀 가는 뒷모습 사라질 때까지 그 작은 손을 오래오래 흔들어 주셨다.

푸른 부산 바다와 맛있는 음식들보다 내게 더 위안이 되었던 건 안아보던 할머니의 품이었다. 바다 같이 한결같고 넓은 그 마음의 품은 언제나 안식처가 되어 주었다.

무뎌지지 말아야 할 것들

할머니의 병세는 급격히 악화되었다. 가족들도 모두 차근차근 마음의 준비를 하였다. 나는 이전에는 종종 찾아 뵀으면서 정작 할머니가 마지막 투병하실 때는 잘 찾아뵙지 못했다. 그 당시 한참 독립해서 환자를 볼 때라 일도 바쁘고 쉬는 날도 많지 않았다. 그래서 요양원에 계실 때, 임종을 앞두고 총 두세 번밖에 가지 못했었다.

멀리서 소식만 들으면서 나는 생각보다 덤덤했다. 더 고통받지 않고 편안하게 돌아가시는 게 낫다고 생각했다. 그래도 나는 할머니와 추억이 많으니 괜찮다고 스스로를 위로하기도 했다. 하루하루 소식을 전하는 떨리는 엄마의 목소리에 비해 나는 말투도 무덤덤하고 차분했다. 매일 보는 게 환자들이고, 누군가의 죽음이니 조금은 무뎌졌나 보다 하는 생각까지 들었다. 그리고 임종이 임박했을 때 마지막으로 할머니를 뵈러 갔다.

병원 침대 위 할머니는 이미 내 기억 속 모습은 많이 사라지고, 내가 늘 보던 환자들과 닮은 모습으로 누워 계셨다. 눈물이 났지만 이내 그쳤다. 그곳에서도 나는 담담했다. 친척들 모두가 아는 눈물 많고 정 많은 손녀가 아니었다. 나는 나도 모르게 의료진처럼 생각하고 행동하고 있었다.

가족들이 의식이 없는 할머니의 몸짓, 작은 기침에 반응하고 행동할 때 나는 그렇게 할 수가 없었다. 내가 볼 때 그것은 반사였고, 의학적으로 의미가 없는 행동이었기 때문이다. 내 할머니이면서도 나는 가족들과 같은 마음으로 공감을 할 수가 없었다. 한편으로는 “아, 보호자들은 이렇게 생각을 하는구나” 하는 생각까지 들었다. 할머니는 이미 내 많은 환자들과 닮아 있었다. 아니, 내가 너무 일에 치인 여유 없는 간호사의 모습이었다.

가족들 모두가 나를 돌연변이 보듯이 했다. 일을 하고 너무 변한 것 같다고 걱정의 말을 전했다. 사실 무딘 내 모습에 나 자신이 제일 놀랐다. 무뎌져서는 안 되는 부분에 무뎌지는 게 아닐까 하는 생각이 들었다. 직장으로 돌아가는 기차 안에서 마음이 착잡하고 씁쓸했다. 그러나 이내 또 치열한 일터로 돌아와 정신없이 일을 하며 일주일을 보냈다.

그렇게 일주일 후, 일을 하던 중에 연락을 받았다. 그 날도 내내 바빠 퇴근 1시간 전에 겨우 핸드폰을 확인했다. 할머니의 사망시간은 오후 2시 12분. 나는 오후 9시 반쯤 핸드폰을 확인했다. 선생님들의 배려로 오후 10시쯤 조금 일찍 퇴근해 바로 부산으로 향하였다.

부산 가는 기차 안에서 많은 생각이 들었다. 외할머니의 부고에도 병원에서는 하루만 공결 처리를 해 주었다. 내가 갑작스럽게 근무를 빠지면 누군가 나 대신 일을 해야 하므로 맘 놓고 연차를 쓰거나 할 수도 없다. 더군다나 규정상 외가는 하루, 친가는 삼 일로 공결처리가 된다고 했다. 외가는 하루, 친가는 삼 일이라니. 그 구별 자체도 어이없고 속상하지만 무엇보다 할머니께 죄송한 마음이 컸다. 임종도 지켜드리지 못했는데, 장례 삼 일도 다 치룰 수 없다니……. 누구를 향한 원망인지 알 수 없는 눈물이 주룩주룩 흘렀다.

그리고 영정사진 앞에서 나는 할머니를 뵈었다. 환자인 할머니가 아닌 사랑하는 내 외할머니를.

갈 때마다 내가 좋아하는 맛있는 콩나물을 무쳐주시고, 자다가 새벽에도 이

불 한 번 더 덮어 주시던 내 할머니가 그곳에 계셨다. 할머니는 뒤늦게 온 못난 손녀에게도 변함없이 따뜻하게 웃어 주고 계셨다. 한참을 울었다. 저번에 병동에서 그런 생각을 했다는 자체로도 너무 죄송했고, 스스로 위안하며 더 찾아뵙지 못한 것이 죄송했다.

따뜻한 영정사진 앞에서 나는 할머니와의 이별을 그제야 실감할 수 있었다. 누군가의 죽음을 하루에도 몇 번씩 접하지만 나는 사실 죽음을 조금도 알지 못했다. 그 사람을 다시는 보지 못할뿐더러 그 온기도 더 이상 느낄 수 없고, 앞날은 없이 묻어둘 추억밖에 남지 않는 것이었다.

충분한 추억은 없고, 충분한 이별도 없다. 나는 그것을 이제는 안아보지 못할 작은 품과 부재를 통해 느끼고 말았다. 그렇게 꼼짝도 하지 못하고 쉴 새 없이 눈물을 흘리며 마음속으로 할머니께 용서를 구했다. 하지만 다음 날 출근을 위해 나는 또 일터로 돌아가야 했다. 온몸이 부서질 것 같았지만 다시 출근을 하고, 눈물자국이 채 가시기도 전에 내 환자들을 만났다.

외할머니의 부고 이후 나는 달라져야 했다. 보호자만큼은 못할지라도 그 들의 아픔에 더 공감할 수 있도록 교훈 삼아야 했다.

못내 아쉬움이 남고, 그리움이 문득문득 고개를 드민다. 콩나물 반찬이 나올 때, 정겨운 어르신을 뵐 때마다 할머니가 떠오른다. 할머니가 돌아가시고 이제 나는 내 할머니라고 칭할 대상이 이 세상에 남아있지 않음을 실감하고는 한다.

더는 후회가 남지 않도록 해야겠다. 소중한 이들에게도, 누군가의 소중한 이를 돌보는 일에도. 물론 할머니는 내 어떤 모습이든 품어 주시겠지만 그게 할머니께 부끄럽지 않을 수 있는 길일 테니.

삼가 고인의, 사랑하는 내 외할머니의 명복을 빕니다.

늘 당신 곁에 있다

간호사들의 하소연은

종종 그 집단 안에서만 맴도는 메아리 같았다.

의료인의 희생을 너무 당연한 것으로 생각해서는 안 된다.

어느 출근길이다. 여느 때처럼 사복 차림의 멍한 얼굴로 엘리베이터를 기다리고 있었다. 우리 부서는 탈의실이 중환자실 입구 쪽에 있어서 입구까지 사복을 입고 출근한다. 그런데 옆에 서 있던 환자분의 인퓨전 펌프에서 '삐, 삐' 소리가 났다. 수액 위에 '항암제 주의'라고 써진 것으로 보아 암 환자분이신 것 같았다. 항암제는 주입 속도와 양이 정확해야 하므로 인퓨전 펌프로 일정 시간 동안 정확한 용량으로 약이 들어가야 한다. 그리고 그 기계는 예민해서 수액 라인에 공기방울이 조금이라도 있거나, 주입이 원활하지 않으면 알람이 요란하게 울린다. 뭐가 문제인지, 환자분의 인퓨전 펌프는 일 층 로비가 울리도록 빽빽 울고 있었다. 주위의 시선이 다 쏠렸고 환자분은 어쩔 줄 몰라 하며 애꿎은 엘리베이터 버튼만 푹푹 누르고 계셨다. 담당 병실, 간호사실로 가면 문제가 해결되겠지만 병실까지 가려면 엘리베이터를 타도 제법 긴 시간을 가야 한다.

나는 사복 차림이었지만 당황하시는 모습에 자연스럽게 환자분께 다가갔다. 수액라인에 공기방울이 차 있다는 알람이었고, 간단하게 설명을 드린 후 알람을 해결해 드렸다. 그리고는 아차! 싶었다. 몸이 먼저 움직이다 보니 내가 사복 차림이라는 걸 간과했던 것이다. 이 분은 내가 간호사인지도 모를 텐데, 모르는 사람이 불쑥 다가와 당황하셨으려나 했다. 다행히도 그 분은 불편해하시기보다는 "병실 가면 간호사가 해 줄 텐데……"라며 쑥스러운 듯 고마움을 표하셨다. 나도 덧붙일 말없이 그저 싱긋 웃으며 가볍게 목례를 하고 기분 좋게 마저 출근을 하였다. 내가 사복을 입고, 간호사라는 명찰을 달지 않고서도 그 분을 도울 수 있었던 건 그곳이 병원이었기 때문일 것이다. 그리고 다행스럽게도 그 분께 그곳이, 거기서 만나는 정체 모르는 누군가를 신뢰의 대상으로 여길 수 있는 곳이었던 것이다.

몸에 베인 책임감

얼마 전 퇴근길 버스에서 생명을 구한 한 간호사분의 이야기가 화제였다.

2017년 6월 30일 만원버스에서 한 여성이 갑자기 의식을 잃고 쓰러졌다. CCTV 속 사람들이 우왕좌왕하는 틈을 비집고 한 승객이 쓰러진 여성에게 다가갔다. 그리고 침착하게 상태를 파악한 후 응급 처치를 시행하였다. 잠시 후 버스기사분의 신고로 경찰이 도착하였고 쓰러진 여성은 병원으로 이송되었다. 그리고 병원으로 이송될 때까지 승객의 처치는 이어졌다. 꾸준히 의식과

맥박을 확인하면서 쓰러진 여성의 곁을 지켰다. 그 덕에 자칫 큰 위험에 빠질 뻔했던 이십 대 여성은 무사히 의식을 회복할 수 있었다. 앞서 밝혔듯 한 생명을 구한 그 승객은 현직 간호사 분이었고, 퇴근을 하던 길이었다고 한다.

그 분은 끝내 이름도 소속도 밝히지 않은 채 한 백의의 천사로 남았다.

뉴스영상 속 CCTV를 보면 그녀의 행동엔 조금도 망설임이 없다. 영상 자체만 볼 때는 그저 용감한 영웅인가 보다 싶었는데 간호사라는 말을 들으니 나는 고개가 절로 끄덕여졌다. 버스에서 응급 처치도 현명했지만 병원에 도착하는 순간까지 동행하는 그 책임감은 영락없는 간호사의 모습이었다. 그녀의 빠르고 침착한 행동으로 소중한 생명을 구할 수 있었다. 그리고 그 행동은 어떤 보상을 바라거나, 누가 시켜서가 아니었다. 그저 몸에 베인 책임감이고, 생명을 구하고 돕는 게 일인 사람의 모습이었다.

간호사에게는 진료거부금지의 의무가 있다. 진료 또는 조산의 요구를 받을 때, 응급 환자가 있을 경우 정당한 이유 없이 이를 거부하지 못하도록 법으로 지정되어 있다. 하지만 사실 밖에서는 자신이 간호사인지, 의사인지 알 길이 없다. 앞서 사례와 같은 일은 직업적 의무감에 떠밀려서 행한 일이 아니었다.

비행기 안에서 의사의 도움으로 무사히 출산을 한 아기 이야기, 시민을 도운 간호사 등 훈훈한 이야기가 잊을 만하면 들려온다. 주변을 보면 간호사는 그 어느 직업군보다 책임감이 강한 사람들이다. 교대 근무에 익숙해져 시간 약속도 철저하고, 맡은 바 업무를 제시간에 최대한 마치고자 하는 게 몸에 배어 있다. 그리고 그 책임감은 종종 사람의 목숨을 구한다.

메르스와 에이즈

2015년 여름, 메르스 사태를 기억하는가? 전염병에 대한 공포와 미미한 대처, 병원에 대한 불신으로 사회가 들썩이던 때이다. 단 한 명의 확진자로 시작해서 총 사망자 서른여덟 명, 치사율 20.4%를 기록한 메르스. 당시 학생이었던 나는 단순히 외출과 병원 출입을 꺼리면서 두려움에 떨었던 기억뿐이다.

그 혼란의 도가니 속에서 그 당시 의료진들은 어땠을까. 사태가 길어지며 의료진들의 희생도 종종 뉴스에 나오곤 했다. 방호복 착용으로 땀범벅이 된 채 잠시 숨을 돌리는 간호사의 모습, 메르스 환자가 심장마비가 오자 직접 심폐소생술에 나섰다가 결국 본인도 감염되고 만 수간호사의 이야기 등. 다양한 살신성인의 정신이 우리의 귓가로 전해졌다. 그들이라고 왜 무섭지 않고, 피하고 싶지 않았겠는가. 그런데 그런 감동적인 소식 틈에 눈살을 찌푸리는 뉴스도 종종 있었다.

유치원이나 공공기관에서 의료진들과 그 자녀들을 기피하고 외면한다는 내용이었다. 당시 뉴스를 보면서도 그 이기심에 '설마……' 싶었다. 2년이 지난 이야기지만 당시 근무했던 선생님의 이야기를 직접 들어볼 기회가 있었다. 설마 했던 뉴스 속 내용들이 사실이었다. 기피하는 건 말할 것도 없고, 한 선생님은 유치원에서 직접 전화를 받았다고 했다. 엄마는 쉬는 날도 반납하고 질병과 싸우고 있는데 유치원에서는 아이의 등교를 자제해달라고 했다고 하였다. 주변 사람들도 대부분 '고생한다', '고맙다'라고 말은 하지만 기침 한 번만 해도 의심의 눈초리를 보내며 멀리했다고 하였다. 선생님은 당시 질병과 싸우는 것도 힘들었지만 주변의 차가운 시선이 더 힘들었다고 말씀하셨다. 그 이야기를 듣고 다시 찾아본 뉴스 기사 속 마지막 한 줄이 마음에 와닿았다.

"의료인의 희생을 너무 당연한 것으로 생각해서는 안 된다."

전염성 질병만이 아니라 간호사는 일상적으로 많은 위험에 노출되어 있는 편이다. B형 간염, C형 간혐, 에이즈 등 혈액이나 주사를 통해 전염되는 질병도 있고, 결핵 등 호흡기계 감염도 많다. 감염 교육을 수시로 받고, 스스로 주의를 하긴 하지만 위험을 배제할 수 없는 건 사실이다. 내 아는 친구는 입사한 지 두세 달쯤에 결핵에 감염되어 일을 그만두기도 하였다. 안 그래도 체력이 약한 친구였는데 그 소식을 들으니 헛웃음이 나오면서도 안타까웠다.

나는 에이즈 환자에게 기관 삽관을 했을 때가 기억에 남는다. 에이즈 환자분을 처음 보는 건 아니었지만 직접적으로 침습적 시술에 참여해 보기는 처음이었다. 산소 수치가 저하되고 환자분은 기관 삽관이 필요하게 되었다. 시술 전 짧은 대책회의가 열렸다. 기관 삽관을 할 때는 의사 한 명과 보조해 줄 간호사 두세 명이 필요하다. 간단하게 지원자를 모집하였고, 나도 선뜻 지원하였지만 막상 곁에 서니 솔직히 무서웠다. 병원도, 그 누구도 나를 책임져주지 않을 것을 잘 알기에 보호구 장비를 철저히 착용하였다.

긴장을 한 건 나뿐만이 아니었다. 담당 의사도 그 어느 때보다 잔뜩 긴장을 한 상태였다. 의료진으로서 당연히 해야 할 일을 하는 건 맞지만 그렇다고 무섭지 않은 건 아니었다. 긴장을 해서인지 기관 삽관은 잘 되지 않았고, 두세 번 만에 성공할 수 있었다. 다행히 환자분은 기관 삽관을 통해 안정을 되찾았고, 짧은 시간임에도 불구하고 보호구를 벗으니 땀이 잔뜩 나 있었다. 보호구를 폐기물 박스에 꼭꼭 밀어 넣고 손을 씻으며 그제야 나는 그 묘한 긴장감과 두려움을 흘려보낼 수 있었다.

늘 당신 곁에 있다

2017년 10월은 한 해의 시작부터 화제가 될 정도로 굉장히 긴 연휴였다. 추석과 대체공휴일, 한글날까지 겹쳐서 장장 10일의 황금 연휴였다. 뉴스에는 해외여행으로 인천공항이 최대 이용객을 돌파하고, 각종 여행지도 이례 없는 기록을 세웠다는 뉴스가 성행했다.

하지만 연휴나 명절에 병원은 더 바쁜 편이다. 특히 응급실이나 중환자실은 환자가 넘쳐난다. 남들은 다 휴가를 가도 누군가는 병원을 지켜야 하고, 나는 그 연휴 동안 6일 연속 근무라는 최장 근무기록을 세울 수 있었다. 물론 결혼 안 한 나보다는 시댁이나 가족들을 챙겨야 하는 선생님들이 휴가를 받는 게 맞았다. 그 사실 자체는 불만이 없었으나 '간호학과, 간호사 대나무숲' 페이스북 페이지에서 본 한 하소연에 마음이 울컥했다.

사연을 올린 분은 응급실에서 근무하는 3년 차 간호사분이었다. 연휴 동안 쉬는 날 없이 일을 했고, 16시간 연속으로 일을 하다 결국 실신하였다고 했다. 전에 없던 경련까지 하고 병원 입원 치료를 받던 중 부서에서 연락이 왔다. 목요일 날 쓰러져 금, 토, 일 쉬었으니 월요일에는 출근을 하라는 내용이었다.

나이트 출근 전 침대에 누워 그 분의 사연을 읽으면서 '이건 정말 아니다' 싶었다. 내가 다 화가 나고 속이 상했다. 사연은 뉴스로까지 소개되었으나 또 금새 잠잠해졌다. 사연을 올린 간호사분은 단순히 본인 병원, 부서를 탓하고자 글을 쓴게 아니라고 했다. 해결되지 않는 간호 인력 문제, 처우 개선을 언급하였고 자신은 결국 퇴사할 것이라고 밝히며 글을 마무리하였다.

더 뛰어난 대우, 특별한 처우를 바라는 게 아니다. 인간답게 일할 수 있고, 내 몸까지 상하지 않는 선에서 일할 수 있는 정당함을 바라는 것이다. 떠나가는 의료진들이 많아질수록 결국 손해를 보는 것은 적합한 치료를 필요로 하는 우리 모두일 것이다.

간호사들의 하소연은 종종 그 집단 안에서만 맴도는 메아리 같았다. 이제는 부디 그 메아리가 더 멀리 더 널리 퍼져나갈 수 있기를 바란다. 언제나 그렇듯 우리는 늘 당신 곁에 있을 것이다. 그렇지만 그런 의료인들의 희생을 너무 당연하게 생각하지는 말아야 할 것이다.

Part 3

행복한 간호사, 그리고 나

퇴사를 고민하는 동기에게

도망치지 말고

감정적이기보다는 신중히 고민해 보시고

최선의 선택을 하실 수 있길…….

응급사직을 들어본 적이 있는가. 말 그대로 정상적인 절차를 밟지 않고, 응급으로 사직을 하는 것이다. 그게 가능할까 싶지만, 갑작스레 다음 날 출근을 안 하거나 혹은 잠수를 타는 경우가 없잖아 있다. 내가 들었던 가장 놀라웠던 이야기는 한 신규 간호사가 일을 하던 중 갑자기 안 보여서 찾아다녔는 데 사물함을 보니 깨끗이 비워져 있었다고 한다. 그대로 조기퇴근, 영영 집으로 가버렸다는 것이었다.

응급사직을 하는 그 마음도 오죽했으면 그랬겠나 싶다. 나 역시 도망치고 싶었던 순간도, 그 자리에서 그대로 사라져버리고 싶은 순간도 많았다. 응급사직이라는 용어 자체가 병원에서 느끼는 압박감과 일의 강도를 보여 주는 일부분 중 하나라고 생각한다. 하지만 한순간의 감정으로 포기해버린다면 궁극적으로 손해를 보는 건 결국 자기 자신이다. 재취업도 해야 하고, 무엇보다 스스로 버티지 못해 그만두었다는 안타까움이 마음에 박힌다.

2년 정도의 짧은 내 병원 생활 중에도 응급사직을 한 친구, 퇴사를 한 친구, 이직을 한 친구 등 다양한 사례를 볼 수 있었다. 그리고 모두 각자의 사연이 있었지만, 유독 기억에 남는 두 친구가 있었다.

미소천사의 눈물

한 친구는 내 대학교 동창이자 입사 동기였다. 같이 10월에 입사해서 나는 중환자실로, 친구는 병동으로 배정을 받았다. 그 병동은 중환자실 못지않게 군기가 엄하기로 유명한 곳이었다. 워낙 밝고, 웃는 모습이 예쁜 친구였는데 나날이 시들시들해지는 게 눈에 보였다.

같이 기숙사 생활을 하였고, 하루는 이브닝 끝나고 함께 치맥을 했다. 친구는 그날 쉬는 날인데도 병원에 불려가서 혼나고 왔다. 그리고 내일까지 공부해오라는 숙제까지 받아 왔다. 하지만 그런 것들보다 친구가 가장 힘든 것은, 자신은 원래 웃고 다니는 성격인데 종종 웃고 다닌다고 혼나는 일이라고 하였다. 웃으면 신규가 실없고 쓸데없이 해맑다고 혼나고, 무표정으로 다니면 표정 좀 피라고 혼나고.

"어떻게 해야 할지를 모르겠어. 그냥 나를 싫어하는 것 같아."

마지막에는 "다른 일을 찾아봐야겠어. 이 일은 나랑 맞지 않나봐……." 하고 말끝을 흐렸다. 나지막이 말을 뱉는 친구의 얼굴에는 전에 없던 어둠과 고민이 깊이 깔려 있었다.

그리고 어느 날, 나는 통화를 하며 기숙사 주변을 걷고 있었다. 그런데 기숙사 근처 어두운 골목, 저 멀리서 한 여자가 쭈그리고 앉아 있었다. 처음엔 무심코 지나쳤는데 어렴풋이 아는 사람인 것 같았다. 그래서 가까이 다가가려는 순간, 멈칫. 그대로 멈춰서고 말았다.

그 작은 그림자는 내 친구였다. 하지만 가까이서 보니 쭈그리고 앉아 있는 게 아니라 주저앉아 울고 있었다. 그 주저앉음은 다리 힘이 풀려서, 도저히 힘이 하나도 없어 그 자리에 그대로 주저앉아 있는 듯하였다. 어둠 속 작은 그림자는 팔로 다리를 감싼 채 어깨를 흐느끼고 있었다. 친구는 통화를 하며 서럽게 울고 있었다. 나는 그 모습을 보고 더 다가갈 수가 없었다. 너무 큰 슬픔이 한 사람을 뒤덮고 있을 땐 그 어떤 위로도 엄두가 나지 않는다는 걸 깨달았다. 나는 우연히 본 친구의 큰 슬픔과 절망에 감히 다가가 어떤 말도 건넬 수가 없었다.

그리고 며칠 후 기숙사 짐을 빼는 친구와 마주칠 수 있었다. 친구는 산업간호사로 취직을 했다고 하였다. 그동안 이직을 준비해 왔고, 집 근처로 취직 하게 되었다고 했다. 나는 정말 잘 됐다고 진심 어린 축하를 전했다. 하지만 친구의 얼굴이 마냥 기뻐 보이지가 않았다. 그리고는 짧은 작별인사를 하며 말했다.

"무슨 이유든 댈 수 있겠지만 나 사실 힘들어서 그만둔 거야. 스스로 못 버텼다는 생각에 마음이 떳떳하지가 않아. 너는 후회 없이 일했으면 좋겠어."

마지막 떠나가는 뒷모습까지 내 마음을 움찔하게 했던 그 친구. 나는 저번에 본 이야기는 굳이 하지 않았고, 말없이 친구를 배웅했다. 사실 친구는 내가 우연히 보았던 그런 좌절의 순간을 몇 번이고 겪었을 것이다. 누구에게도 쉽게 털어놓지 못할 만큼, 어둠 속에 숨어 흐느껴 울만큼 자신만의 큰 고통과 슬픔이 있었을 것이다.

내가 볼 때 그 친구는 최선을 다하였다. 하지만 그럼에도 스스로 떳떳하지 못하다고, 못내 아쉬움이 남는다고 말하는 씁쓸한 표정이 기억에 남았다.

도망치지 않겠다

또 한 친구는 중환자실 입사 동기였다. 입사 동기 일곱 명 중에서도 유독 친했었고, 그래서 그 친구가 그만둘 때 아쉬움이 더 컸다. 친구는 자기가 목표로 한 1년을 채우고 그만두었다. 사실 20년, 30년 근무하신 분들이 볼 때 그 친구의 경력은 실낱같은 것에 불과할 것이다. 하지만 그 친구는 누구보다 자신의 최선을 다하였다.

무엇보다 도망치지 않았다. 옆에서 지켜보는 나까지 조마조마할 정도로, 그 짧은 1년 사이에도 몇 번이고 도망치고 싶었던 순간들이 있었다. 트레이닝을 받다가 눈물을 참지 못하고 그 자리에서 쉴 새 없이 눈물 흘린 적도 있었다. 높은 선생님께 인계드리며 큰 소리로 고래고래 혼나고 무안 받은 어느 날은 당장 내일 출근을 하지 말까 진지하게 고민하기도 했었다. 하지만 그토록 많은 버거운 순간들과 불안에도 친구는 무작정 도망치지 않았다.

또 무작정 버티기도 하지 않았다. 우리가 쉽게 내려놓을 수 없는 굴레. 부모님과 타인의 시선 등 다른 사람에게 보여 주기 위한 의미 없는 버티기도 하지 않았다. 그 친구는 그렇게 도망치지도, 무작정 버티지도 않은 채 자신이 세운 목표를 위해, 더 후회가 남지 않기 위해서 최선을 다하였다. 퇴사 전 세 달 넘게 진지하게 고민하고, 수간호사 선생님과 면담도 두 번 정도 가졌다. 그렇게 1년 3개월 후 친구는 홀가분히 병원을 떠났다.

반년쯤 시간이 지나고, 친구를 다시 만났다. 한층 더 좋아 보이는 얼굴이었다. 혹시나 아쉬운 점은 없냐고 물었다. 친구는 덤덤하지만 흔들림 없는 눈으로 말했다. 남들 보기엔 아무것도 아니지만 자신은 최선이었다고 하였다. 그래서 아쉬운 것도 큰 미련도 없다고 하였다. 털털하게 말하는 환한 얼굴이 참 좋아보였다. 끝으로 이 책에 대한 이야기도 나누며 친구는 후배들에게 아래의 말을 전해달라고 했다.

"되돌아 생각해 보면 짧지도 길지도 않았던 첫 직장생활은 만족스러웠습니다. 한 달만, 일주일만, 오늘 하루 근무만이라도 더 버티려고 노력했던 순간들. 몇 달간 신중히 고민하며 사직서를 작성했던 순간들까지 모두 후회와 미련이 없습니다. 그곳에서 경험했던 나 자신과의 싸움은 간호사로서 나의 앞길에 분명 좋은 경험이 되어 주었습니다. 이 책을 읽는 분들 중 사직을 고민하는 신규 간호사 선생님이 계신다면, 감정적이기보다는 신중히 고민해 보시고 최선의 선택을 하실 수 있기를 바랍니다."

자기다운 선택

내가 볼 때 두 친구는 누가 더라고 할 것 없이 둘 다 자신의 최선을 다한 사람들이었다. 선택에 대한 후회 혹은 이제 충분하다는 결정은 남들 시선과 상관없는 오로지 스스로의 몫이다.

> 결국 인생이란 자신이 가야 할 길을 스스로 결정하고 선택하고 책임지고 나아가는 과정일 뿐이라는 결론에 도달했다. 중요한 것은 자신의 선택에 대해서 책임을 지는 태도이고, 자기다운 선택을 하려고 노력하는 것에 있다고 믿습니다.
>
> 안상현, 《청춘의 인문학》 중

당신의 하루가, 1년이 얼마나 힘들고 긴 시간인지 감히 다 안다고 말할 수는 없지만 조금은 이해한다. 그렇지만 길게 본다면, 이 병원에서의 1년은 앞으로 없을 내 마지막 임상 경력이 될 수도 있다.

버티는 것도 그만두는 것도 다 괜찮다. 어차피 인생에 정답은 없다. 의미 없이 끌려가며 버티기를 할 필요는 없다고 생각한다. 하지만 나는 당신이 충분한 고민과 어느 정도의 버티기는 해 보았으면 좋겠다. 병원을 위해서도, 부모님을 위해서도 아닌 무엇보다 나 자신을 위해서. 스스로 아쉬움이 남지 않도록, 후회가 남지 않도록. 어느 시기에 되돌아보더라도 나 그때 정말 최선을 다했다고 말할 수 있도록 최선의 선택을 할 수 있기를 바란다.

행복이라는 과제

퇴사한 친구들은 하나같이 말했다.

행복하고 싶다고.

그렇다면 우리는 꼭 지금, '행복'해야 하는 걸까?

나 역시 카르페 디엠carpe diem, 현재에 충실하자는 모토를 중요하게 생각한다. 무엇보다 나는 무모하다 싶을 정도로 삶을 아름답게 보는 사람이다. 그리고 비슷한 맥락으로 사람은 언제나 행복하고, 어느 정도 그걸 누리면서 살 수 있다고 생각했다. 부모님은 어릴 적부터 그런 나의 순진한 생각과 세상을 보는 눈을 걱정하셨다. 못내 꾸중도 하셨다. 그러나 다행스럽게도(?) 어른이 된 나는 아직도 그 순진한 생각과 눈을 간직할 수 있었다. 나는 지금도 종종 삶이 아름답다고 생각한다. 가슴 벅차는 순간도 행복을 느끼는 순간도 많다. 그리고 그럴 수 있는 것은 삶이 결코 늘 아름답고, 행복하지 않다는 사실을 받아들였기 때문이다.

안상현의 《청춘의 인문학》에는 청춘들을 위한 여러 조언이 나온다.

> 인생은 화려하지 않아요. 슬프고 암울해요. 이걸 알아두세요. 그러면 제대로 살아갈 수 있어요. 비극적인 현실에서 진정한 삶의 힘이 생겨요. 세상은 힘들지만 그럼에도 즐거운 마음으로 살아갈 수 있습니다.
>
> 안상현, 《청춘의 인문학》 중

인생은 '아름답다'가 아니라 '슬프고 암울한 것'이라고 한다. 그걸 인정하라는 말이 처음에는 쉽게 받아들여지지 않았다. '그래도 아닐 거야'라고 부정하는 마음이 앞설 만큼 순진한 마음에 박힌 냉혹한 말이었다. 그런데 그 말을 곱씹으며 거부감을 떨치자 오히려 마음이 더 편안해졌다.

지금 우리 시대는 열심히 한다고 성공하고, 개천에서 용 나는 시대가 아니다. 금 수저, 흙 수저가 당당하게 언급되는 자조적인 시대이다. 그 누구도 지금의 청춘에게 눈높이를 낮추라니, 열심히 하지 않아서라니 섣부른 혀 놀림을 할 수는 없다고 생각한다. 다들 누구보다 열심히 치열하게 살아가고자 하지만 정말로 현실이 도와주지 않는다. 그리고 그런 불안정한 환경 탓에 결혼도, 출산도, 연애도 미루는 이른바 삼포세대. 최근에는 오포세대, 칠포세대 등 더 다양한 포기거리가 유행어처럼 붙고는 한다.

뭐든 다 이룰 수 있는 이십 대 청춘에게 포기라는 단어가 감히 붙는 이 암울한 현실. 삼포세대의 우리들은 무엇으로도 보장할 수 없는 미래, 불안한 환경 탓에 더 당장의 행복에 집착하는 듯하다. 그 누구도 감히 "조금만 더 열심히 하면 행복한 미래가 올 거야!"라고 말해 줄 수가 없기에.

하지만 그런 행복해야 한다는 생각, 그게 지금 당장, 오늘이어야 한다는 생각이 오히려 우리를 불행으로 몰고 가는 것은 아닐까? 나를 위한 선물, 소소한 행복에 만족하며 자조적인 위로만 보내고 있는 것은 아닐까.

'이렇게 살고 싶지 않아…….'

선명하게 반짝이는 별을 보고자 한다면 빛을 등지고 더 어두운 곳으로 가야 한다. 삶의 어둠도 기꺼이 인정하고 보듬어 주어야 빛도 더 선명하게 바라볼 수 있는 것이다. 어설프게 어둠을 피하고, 빛만 좇는 것이 아니라 어둠까지 온몸으로 껴안아야 진짜 찬란한 빛도 누릴 수 있는 것이다.

수십 명의 동기, 후배들이 떠나갔다. 자신의 가치관에 맞는 삶, 자신의 행복을 위해서였을 것이다. 나 역시 힘들게 간호사 일을 하며 나 자신에게 놀랐던 순간이 있다. 트레이닝이 끝나갈 무렵, 독립해서 환자를 보기 얼마 전쯤부터 스트레스가 극에 달했다. 아무 이유 없이 시도 때도 없이 눈물이 나고, 늘 예민하고 지쳐 있었다.

어느 날은 남자친구와 통화를 하다가 나도 모르게 입 밖으로 "이렇게 살고 싶지 않아"라고 말을 뱉기도 하였다. 무의식중에 그런 말이 나왔다는 게 놀라우면서도 슬펐다. 그 시기에 내겐 여유도 행복도 너무나 먼 이야기였다. 그래서 행복하고 싶다고 병원을 떠난 친구들을 가볍게 폄하할 수 없었다. 그 행복하지 않음이 무엇인지 너무나 잘 알기에…….

사람은 상황과 주변 환경에 어쩔 수 없이 영향을 받는다. 매일 긴장해야 하고 죽음이 오가는 곳에서 순진하게 웃고, 마냥 밝게 다닐 수는 없는 노릇이다.

하지만 사람은 또 그만큼 환경에 잘 적응하기도 한다. 버티고 의미를 찾으려 노력하다 보니 이 팍팍한 곳에서도 나름의 행복을 찾았다.

환경을 바꾸는 게 무작정 답은 아니라고 생각한다. 그리고 무엇보다 행복은 궁극적으로 나 자신의 역량에 달렸다.

행복의 비밀

법륜 스님의 《행복》 역시 내게 큰 깨달음을 준 책이다. 제목은 '행복'이지만 내용은 헛웃음이 나올 만큼 삶에 있어 냉정하면서도 수용적이다. 물론 그런 스님의 마음과 경지를 우리 모두가 가질 수 있는 것은 아니지만 한번쯤은 생각해 볼 만하다고 본다.

> 다람쥐나 토끼는 무슨 목적으로 그렇게 하고 있을까요? 그냥 그렇게 살아가고 있는 겁니다. 인간도 마찬가지에요. 풀이 한 포기 자라고, 토끼 한 마리가 나듯이 사람도 태어나서 자연의 일부로 살다 떠나는 겁니다. 우리가 자꾸 '인생에는 목표가 있어야 해'라고 생각하기 때문에 인생이 괴로운 겁니다. 인생에 의미를 너무 많이 부여하기 때문에 불안하고 초조하고 괴로운 거에요. 오늘 아침 한 끼 배부르게 먹었다면 불안해할 일이 뭐가 있겠습니까? 오늘 저녁에 추위에 떨지 않고 잘 곳이 있다면 불안해 할 일이 뭐가 있겠어요?
>
> 법륜 스님, 《행복》 중

참으로 대단한 경지이다. 나는 나의 다람쥐나 토끼 같지 못함이 뜨끔했다. 나 역시 삶에서, 무언가에 끊임없이 의미를 부여하며 살아왔다. 나를 옭매던 그 의미 부여들은 무의식중에 내 삶은 특별해, 나는 특별하다는 생각이 담겨 있었던 것 같다.

스님은 말한다. 그냥 그렇게 살아가고 있는 거라고. 어떤 특별한 의미가 있는 것이 아니더라도 삶은 그 자체인 것이라고.

결코 허무주의를 얘기하는 건 아니라고 생각한다. 모든 것에 너무 큰 의미를 부여하거나 기대하지 않는 것. 그게 곧 어떤 상황에서도 행복할 수 있는 수용력을 갖는 것이라고 생각한다.

우리는 모두 행복할 자격이 있다. 단 한순간도 그걸 미룰 수는 없다. 하지만 일회성의 힐링, 행복 찾아 무작정 떠나기는 돌파구가 아니라고 생각한다. 행복을 찾아 떠난 그곳에서도 삶은 이어질 것이고, 희로애락은 존재할 것이다. 환경은 우리가 선택할 수 있는 아주 작은 부분에 불과하며 일정 수준 이상 통제할 수 없는 영역이다. 우리가 행복을 위해 가장 잘 조절할 수 있는 것은 결국 나 자신뿐이다.

하루하루 매 순간이 행복할 수는 없을 것이다. 그래도 그 행복이 주변 상황, 내 의지와 상관없는 것이 아니라 내 손 안에 있다면 그것만으로도 힘이 나지 않을까 기대한다.

기 도

라빈드라나트 타고르

위험에서 벗어나게 해 달라 기도하지 말고
위험에 처해도 두려워하지 않게 해 달라 기도하게 하소서.
고통을 멎게 해 달라 기도하지 말고
고통을 이겨 낼 가슴을 달라 기도하게 하소서.
생의 싸움터에서 함께할
친구를 보내 달라 기도하는 대신
스스로의 힘을 갖게 해 달라 기도하게 하소서.
두려움 속에서 구원을 열망하기보다는
스스로 자유를 찾을 인내심을 달라 기도하게 하소서.
나의 성공에서만 신의 자비를 느끼는
이기주의자가 되지 않게 하시고
나의 실패에서도 신의 손길을 느끼게 하소서.

나만의 무기

기꺼이 고민하고 외로워하자.

무엇보다 나 자신에 대해 고민해야 한다.

나만의 멋진 인생을 원한다면 우선 나를 알아야 한다.

나쁘지 않은 인생은 나쁘다. 진짜 좋은 인생을 살아야 한다.

하우석, 《내 인생 5년 후》 중

이 한 문장이 나를 울컥하게 했다.

첫 입사 때보다는 나쁘지 않다. 월급도 안정적으로 받고, 일도 처음보다는 수월하다. 막 편안하고 익숙하지는 않지만 더 이상 출근이 두려워 울지는 않는다. 사실 '나쁘지 않은'이라고 말할 수 있게 되기까지도 얼마나 많은 시간이 필요했던가. 수없이 울었고, 물었다. 꼭 이렇게까지 해야 하는 건지. 대체 이 버텨나감의 의미가 무엇인지.

누군가는 그 질문에 대한 답으로 이직을 결심하고, 새로운 진로를 꿈꾸기도 한다. 혹은 그런 고민 자체가 더 우울감을 증폭한다고 할 수도 있겠다. 그저 나쁘지 않음에라도 감사하고, 월급과 소소한 기쁨에 만족하며 지내는 게 맘 편할 수도 있겠다.

하지만 나는 종종 공허했다. 현재의 삶이 감사하지 않은 것은 아니었지만 그럼에도 채워지지 않는 무언가가 있었다. 저 문장이 나를 울컥하게 했던 것도 '이 정도면 괜찮아'라며 스스로를 위하던 마음에 '사실 그렇지 않잖아'라고 속내를 들킨 것 같았기 때문이다.

오랜 남자친구도, 가족도 사실 모든 순간에 내 곁에 있어 주지는 못하였다. 나라는 사람의 발 디딜 땅, 언제나 변함없는 마음의 고향이 되어 주는 그들이 있어 든든하였지만 직장생활은 온전히 스스로의 몫이자 책임이었다.

그동안 학생 신분으로 져야 했던 책임과는 공기조차도 다른 묵직한 책임의 무게. 홀로 퇴근한 집의 적막한 공기와 종종 찾아오는 회색빛 외로움. 먹고 사는 기초적 활동을 위해 이 고생을 해야 하는 것인가 하는 허무감 등. 우리가 흔히 말하는 사회생활이 고된 것은 그 모든 책임을 온전히 홀로 끌어안고, 내 맘 같지 않은 많은 것들을 받아들이고 또 넘어서야 하기 때문일 것이다.

첫 신규생활, 타지생활의 외로움과 두려움을 이겨낼 수 있었던 나만의 무기는 책과 혼자 여행하기였다.

처음엔 마땅한 취미도 없고 내가 뭘 좋아하는지도 몰라서 남들 다 하는 방법으로 발버둥 쳐 보고는 하였다. '운동을 해 보자!' 하고 스쿼시를 3개월 끊고, 정확히 딱 두 번 나갔다. 퇴근 후면 씻지도 못하고 뻗어 자기 일쑤였기 때문이다. 학생 때는 굉장히 재밌게 했던 운동이었는데 일을 하면서는 힘든 게 더 컸다. 잠과 만성 피로를 이기고 운동을 하기엔 체력도 의지도 따라주지 않아서(라는 핑계를 댄다.) 결국 집 근처 공원 산책으로 대체되고 말았다.

그렇다면 육체적 소모가 덜한 악기를 배워보자! 하고 우쿨렐레ukulele 레슨도 받았었다. 개인 레슨 전에 우쿨렐레 동호회도 나갔었는데 모임 시간을 맞추기가 어려웠다. 요가나 악기 레슨처럼 정기적으로 참석하고, 진도를 따라가야 하는 활동들은 어려웠다. 결국 조금 더 금액을 투자하고 일대일 레슨을 받았다.

하지만 악기는 자고로 애정을 쏟아주어야 제 소리를 내는 법.

띵가띵가 소리밖에 내지 못하는 내 우쿨렐레는, 더 큰 흥미를 이끌지 못하고 결국 집안 어딘가에 장식으로 자리 잡고 말았다.

이렇듯 삼교대 근무자의 일정하지 않은 시간과 체력의 한계는 취미 찾기에서도 많은 걸림돌이 되었다. 또 소중한 사람들과 시간을 보내는 것도 굉장히 좋지만 쉬는 날이 다르니 제한이 많았다.

여행 한번 같이 가고 싶어도 스케줄 맞추기가 어려워서 결국 조정을 포기하고 만다. 그래서 처음에는 울며 겨자 먹기로 혼자 여행을 가게 되었고, 그렇게 점점 혼자 하는 여행이 익숙해졌다. 또 어떤 시간과 공간, 체력의 제한도 없는 책이 가장 쉽고 편한 친구로 다가왔다.

가장 섹시한 친구

책은 처음부터 끝까지 다 읽기 전까진 그 매력을 알 수 없는 예측 불가능한 설렘이 있다. 또 책 읽는 사람은 무언가 섹시하게도 느껴진다. 그 둘만의 은밀한 대화에는 어떤 권태도 외부세계에 대한 관심도 없다. 그래서 나는 책이야말로 천의 얼굴을 가진 가장 섹시한 친구라고 생각한다.

어릴 때부터 책을 좋아하긴 했었다. 그런데 신규 간호사로 일을 하며 마음이 힘들고 지쳐 있으니 그 한마디 한마디 마음에 와닿는 게 전보다 더 크게 다가왔다. 많지는 않더라도 한 달에 네다섯 권 정도 읽었고, 책을 읽고 나면 간단하게 느낀 점과 좋았던 글귀를 다이어리에 따로 기록했다.

나는 중학교 이 학년 때부터 매년 다이어리를 썼다. 그러니 지금 총 열두 권의 일기장이 있는 셈이다. 좋았던 글귀를 정성스레 손으로 꾹꾹 옮겨 적을 때면 책을 다시 꼭꼭 씹어 읽는 기분이었다. 조용한 카페에서, 좋아하는 음악을 들으며 차분히 다이어리 정리를 하는 것은 내게 가장 행복한 순간 중 하나가 되었다.

모든 일기장이 소중하지만 그중에서도 신규 간호사 당시 다이어리를 보면 마음이 유독 짠하다. 꾹꾹 눌러쓴 글씨 한 글자 한 글자에서 간절함이 느껴지기 때문이다.

일이 힘들고 버거운 만큼 의미가 필요했다. 더 이상 부모님의 강요나 눈치를 보는 것도 아니었다. 내가 원하면 조금은 편한 길로 가도 되는 것이었다. 결국 내 선택이기에 남들이 말하는 가치가 아닌 나만의 가치가 필요했다. 내가 어떤 삶을 살고 싶은지, 추구하는 가치는 무엇인지, 나아갈 방향을 정해야 했다.

그렇게 다양한 고민들에 대한 답을 원하다 보니 책을 붙들게 되었다. 조금은 치열하게도 읽었다. 주로 꿈, 자기계발서와 여행서 위주로 읽었다. 간호사 관련 책들은 토닥토닥 공감이 되어 주었다. '너만 힘든 게 아냐'라고 말해 주는 듯하였다. 자기계발서는 데일 카네기의 《카네기 인간관계론》이 가장 인상적이었고, 그 외에도 헨리에트 앤 클라우저의 《종이 위의 기적, 쓰면 이루어진다》, 사사키 후미오의 《나는 단순하게 살기로 결심했다》 등 알려진 책들은 거의 읽어 보았다.

누군가는 자기계발서가 뻔하다고 말하기도 한다. 하지만 나는 그 터무니없기까지 한 긍정과 꿈의 무더기가 좋았다. 그 행복한 보호막 안에서 내 꿈도 키우고, 가능성도 무한히 펼칠 수 있었다. 그 외 여행서들은 일상에서 숨통을 트이게 해 주었고, 헤르만헤세의 데미안 같은 성장 소설들은 정신적인 독립에 영향을 주었다.

그렇게 다양한 책들은 열 가지 위로와 백 가지 생각거리가 되어 주었다. 책꽂이가 채워져 가며 고민들도 쌓여 나만의 생각, 내 꿈도 더 또렷이 정할 수 있었다. 그리고 그렇게 나다운 나를 만들어가며 그제야 나는 내가 마음에 들게 되었다.

단 하나의 아름다움

그리고 여행은 내게 빼놓을 수 없는 무기이다. 삶이 그래도 아름답다고, 행복하다고 말할 수 있는 나의 단 하나의 아름다움은 바로 여행이다.

굳이 여행을 떠나서 휴식을 취한다.

강릉까지 3시간 반, 뚜벅이 인생 여행지에 가는 것만으로도 지친다. 더더욱 지친 몸이지만 게스트하우스 빳빳한 냄새가 나는 침대에 누우면 '아, 내가 이래서 왔지'라고 생각할 수밖에 없다. 집에서의 휴식도 좋지만 집에서는 온갖 생각이 말을 건다. '밀린 빨래는 언제 할 거니?', '집 청소한 지 꽤 됐잖아?', '이 책 읽어야 하지 않아?' 등등…

그래서 아무도 말을 걸지 않는 이 여행지가 참 좋다.

그저 '오늘 뭐 먹지?', '오늘 어디 가지?'만 생각하면 되는 일상에는 없는 이 단순함이 숨통을 트이게 한다. 같은 공간에서는 크게 다른 생각을 할 수가 없기에 이렇게 몸이라도 떼어놓아야 그제야 생각이 멈춘다. 기를 쓰고 여행을 다닌다.

원래 삶은 이렇게 단순하게도 흘러간다는 것을,

자유로움이 이렇게 큰 가치임을 잊지 않기 위해서.

17.7.28. in 강릉

누군가는 '혼자 여행'이 심심하지 않냐고, 밥은 어떻게 먹느냐고 묻는다. 처음에는 눈치도 보이고, 민망해서 편의점에서 대충 때우고는 했다. 그런데 사람은 익숙해진다. 훈련이 된다. 이제는 잘 챙겨먹는 것도 중요하게 생각하게 되어 먹고 싶은 음식이 있으면 사람 많은 식당에서도 당당히 잘 먹는다. 심심한 순간도 종종 있지만 그 지나친 평화와 아무것도 하지 않아도 되는 여유가 좋다. 내키는 대로 머물고, 내키는 대로 떠난다. 혼자 노래도 듣고, 덮어둔 생각과 감정도 마구 펼쳐 놓는다. 그렇게 아무 역할도 없는, 누구에게도 보여줄 필요 없는 '나'로 있는 순간들이 좋아 '혼자 여행'이 좋다.

최근에는 혼자 여행하는 사람들이 제법 많아졌다. 곳곳에 게스트하우스도 잘 되어 있고, 여행객을 대하는 사람들의 시선도 대부분 따뜻하다. 정여울 작가의 책《그때 알았더라면 좋았을 것들》에 '여행을 가보면 어쩌면 성격도 일상의 잔여물이 아닐까 하는 생각이 든다'라는 문장이 나온다. 정말로 여행지에서 만난 이들은 하나같이 친절했다. 일상을 벗어난 그곳에는 언제나 여유와 푸근함이 있었고, 아름다움을 아낌없이 보여 주는 자연이 있었다. 그렇게 내게 여행은 각박한 타지 생활, 병원 생활 중에도 언제나 삶의 아름다움과 여유를 잊지 말라고 일깨워주고는 하였다.

앞서 책과 여행이 나의 무기라고 밝혔지만 나 역시 결국 사람에게 위로 받고 싶어 하는 연약한 사람이다. 끊임없이 누군가에게, 무언가에 기대고 싶어 했었다. 하지만 아무리 가까운 이라도 내 슬픔, 외로움, 힘듦을 항상 알아주고 수용해 줄 수는 없었다. 결국은 스스로의 몫이었고, 혼자서도 행복할 수 있는 사람이 되어야 한다고 느꼈다.

많이 힘들고 넘어서기보다 차라리 외면해버리고 싶겠지만 그래도 나는 당신이 넘어섰으면 좋겠다. 그것도 기꺼이 혼자서. 누구도 평생 대신해 줄 수 없다. 삶의 어느 국면에는 반드시 그 넘어섬이 필요하다. 그 너머에 진정한 자유와 독립이, 누구도 대신 살아주지 않는 당신만의 인생이 있다.

기꺼이 고민하고 외로워하자. 무엇보다 나 자신에 대해 고민해야 한다. 나만의 멋진 인생을 원한다면 우선 나를 알아야 한다. 무작정 행복해지고 싶다, 여유롭고 싶다가 아닌 무엇을 할 때 내가 행복한지, 내가 진짜 살고 싶은 삶, 누리고 싶은 여유가 어떤 것인지 고민해야 한다.

'나쁘지 않은 인생은 나쁘다. 진짜 좋은 인생을 살아야 한다.'

어느 인생에도 답은 없다. 혹 답이 있다면 그 답은 결국 나밖에 줄 수 없을 것이다.

17.9 in 제주도협재해수욕장

여자 무리 - 진심의 힘

번지르르하게 상대를 칭찬해도
그 말에 진심이 담겨 있지 않다면
우리는 결국 그것을 눈치채고 만다.

간호사 집단은 여자 무리이다. 남자 간호사들이 많아지고 있는 추세이긴 하지만 그럼에도 여자의 비율이 절대적으로 높은 곳이다. 어느 근무처이든 남녀가 적절하게 섞여야 분위기가 좀 더 유한 편인데 여자들만 바글바글하니 기가 세다. 여자 군대라는 말이 괜히 나온 말이 아니다.

모든 일은 인간관계다

늘 환한 웃음으로 주변까지 밝혀주시던 한 책임 간호사 선생님께서 다른 중환자실로 부서 이동을 하셨다. 다 같이 꽃과 케이크를 드리며 함께 사진도 찍고, 간단한 송별회를 하였다. 개인적으로 감사한 일이 많아서 그 분의 부서 이동이 아쉽고 아쉬웠다. 떠나시기 며칠 전 함께 근무하며 밥을 먹는데 선생님은 무심한 듯 툭 하고 명언을 던져주셨다.

"내가 20년을 일해 보니까 느낀 건데 결국 모든 일은 인간관계인 것 같아."

소박하게 말씀하셨지만 그 안에 참 많은 뜻이 담겨 있다는 생각이 들었다.

병원 내 인간관계는 일반적인 직장 사교와는 거리가 좀 있다. 처음에는 일단 인간관계고 뭐고 '일'을 잘하는 게 중요했다. 잘하는 것까지는 아니더라도 한 사람의 몫을 오롯이 해내기까지 제법 긴 시간이 걸리니 말이다. 그리고 아무래도 신규 간호사는 퇴사가 잦다 보니 마음 주기가 더 쉽지 않다고 느꼈다. 어제는 출근을 했다가 당장 내일 못 나오겠다고 떠나간 이들이 내가 본 것만 수십 명이었다. 그러니 과장 조금 보태서 윗선생님들은 수백 명은 더 보고, 스쳐 지나갔을 것이다.

한 신규 선생님은 트레이닝을 세 달 동안 받고 독립하는 그날, 출근을 하지 않았다. 트레이닝 받을 때도 힘들어하긴 했는데 안타까운 마음에 다들 붙잡고 설득했다. 하지만 연락이 되지 않았고, 다음 날 수간호사 선생님께 퇴사 의사를 밝혔다. 떠나간 그 분의 마음도 오죽했으면 그랬겠나 싶지만 세 달 동안 그 분을 가르치고, 품은 선생님 입장에서는 허무할 수밖에 없었다.

직장 내 소속감이 들려면 어느 정도 시간이 걸리는 건 당연한 이야기이지만 병원은 그 기간이 좀 더 길다. 부서마다, 무리마다 차이는 있겠지만 나는 거의 1년이 걸렸다. 잔뜩 굳은 얼굴을 내려놓기까지도, 일하다가 잠깐씩 웃고 떠들 수 있게 되기까지도 말이다. 이제는 얼어붙은 목소리가 아닌 내 목소리로 말하고, 선생님들과 농담까지 섞을 때도 있지만 여전히 인간관계는 쉽지 않다고 느낀다.

하루는 밤 근무가 끝나고 데이 번 선생님께 일을 넘겨줬다. 그런데 출근해서 본 환자의 시트가 눈에 띄게 더러웠다. 내가 밤 근무였고 나도 출근할 때 그 시트를 보았다. 교환해 주고 싶었지만 나이트 때 바빠서 미처 하지 못하였다. 나이트 인원도 부족해서 결국 데이가 오면 같이 하자고 얘기가 되었고, 인계를 줄 때도 그게 마음에 걸렸다.

인계가 끝나고 역시 미처 갈지 못한 시트 얘기가 나왔다. 나는 상황을 설명했지만 선생님은 일을 미뤘다는 식으로 톡 쏘며 빈정거리듯 말씀하셨다. 사실 틀린 말은 아니었다. 그 분 입장에서는 충분히 할 수 있는 말이었지만 나는 그 말이 마음에 박혔다. 밤새 너무 바빴고, 상황이 여의치 않았던 건데 빈정거림을 들으니 괜히 속이 상했다. 그래서 나도 울컥한 마음에 '일부러 그런 건 아니다. 죄송하다'고 하였고, 조금은 감정이 실려서 맞받아치듯이 말하였다. 그리고 집에 와서는 이불을 발로 뻥, 하고 걷어찼다. 내가 속상할 일이 아닌데 괜히 내 말에 가시가 돋쳐 있었던 것 같아 죄송한 마음이 들었다.

그래서 또 소심한 성격에 그 분께 죄송하다고 문자를 남겼고, 그 일이 있고 며칠 후 그 선생님과 같이 근무를 하게 되었다. 나는 저번 일이 마음에 걸려서 그 분을 대하는 게 왠지 불편하고 조심스러웠다. 그런데 그 분은 아무렇지 않은 태도였고 그 일을 아예 까먹은 것처럼도 보였다.

나는 얼굴을 뵙고 한 번 더 사과를 할 생각이었는데 더 얘기하고 말 것도 없었다. 결국 지나친 의미 부여로 나를 불편하게 한 건 나 자신뿐이라는 생각이 들었다. 그날 그 분이 빈정거리듯 톡 쏘아 이야기했던 건 출근길에 무슨 일이 있었거나, 혹은 매우 졸렸기 때문일 수도 있다. 나 또한 그리 서운할 일이 아닌데 그날 근무가 유독 힘들었거나 밤 근무로 심히 피곤했기 때문에 더 그렇게 받아들였을 수도 있다. 여러모로 복합적인 상황이 겹친 것이었고, 무심한 말 한마디였을 뿐이었다.

직장 동료, 상사의 말이 당신을 파고든다면 한번쯤 다시 생각해봐야 한다. 그 사람이 꼭 나를 향해 한 말인지, 나 스스로 그렇게 더 받아들인 것은 아닌지 말이다. 신규 간호사로서 주눅 들고, 낮은 자세를 유지하게 되는 건 어쩔 수 없다. 또 일을 하다 보면 유독 누군가 나를 미워하는 것처럼 느껴지기도 한다. 하지만 그 사람의 복합적인 상황 탓일 수도 있고, 그날 그 화풀이 대상이 우연히 당신이었을 수도 있다. 그러니 너무 지나친 의미 부여로 나를 갉아먹는 어리석음은 피하도록 하자.

진심의 힘

앞서 잦은 이직으로 마음 주기가 어렵다고 하였지만 한편으로는 그래서 더 끈끈해질 수 있기도 하다.

입사 후 첫 크리스마스였다. 한참 트레이닝을 받을 때였고, 나는 크리스마스와 연말을 내내 병원에서 보냈다. 크리스마스 당일 나이트 근무였고 출근 전에 동기친구 한 명과 커피를 마시고 있었다. 거리에는 캐롤이 정겹게 울려 퍼지고 있었고, 연휴를 즐기는 사람들은 유독 행복해 보였다. 짧은 신세한탄을 하며 멍하니 창문 너머로 사람들을 구경하고 있다가 문득 '그래, 기왕 일할 거 기분 좋게 하자!'라는 생각이 들었다. 그래도 크리스마스인데 싫어 같이 고생하는 선생님들과 작은 거라도 나누고 싶었다.

나는 친구에게 간식을 사 가자고 제안했고, 함께 빵집에 가서 쿠키를 골랐다. 선물할 쿠키를 하나하나 고르며 친구와 나는 카페에 앉아 사람들을 구경할 때보다 기분이 더 좋아졌다. 잠시 후 출근한 병원은 바깥 분위기와는 아예 다른 세상으로 기계소리와 차가운 공기만 가득했다. 다들 연휴 때 나와 근무하느라 평소보다 지치고 힘든 기색이 역력했다. 새벽 1, 2시쯤 어느 정도 일을 정리하고, 친구와 나는 사 온 쿠키를 한 분 한 분 나눠드렸다. 막상 드리려니 별 것 아니어서 쑥스럽기도 했지만 그래도 선생님들은 좋아해 주셨다.

"엥? 갑자기 웬 쿠키야?"

"하하하…… 크리스마스니까요. 그냥 힘내시라구요."

"그래~ 고마워~."

짧지만 기분 좋은 대화가 오갔고, 그 작은 선물로 모두의 표정과 마음이 조금은 유연해졌다. 다행히 그날 밤 병원은 평화로웠고, 잠시 후 책임 간호사 선생님께서 치킨을 시켜주셨다. 야식이 병원 자체에서 제공되기는 하지만 삼각김밥, 우유나 빵, 컵 밥 같은 것이기 때문에 치킨은 매우 황송했다. 무엇보다 선생님의 따뜻한 마음이 담겨 더 맛있었고, 훈훈한 분위기로 함께 웃으며 일할 수 있어 좋았다. 자칫 상대적 박탈감만 가득할 뻔했던 그날의 크리스마스는 모두의 작고 소중한 마음이 모여 따뜻하고 좋은 기억으로 남을 수 있었다.

'모든 일은 결국 인간관계'라고 하셨던 선생님의 말씀은 아부를 잘하고, 집단

내 정치를 잘해야 한다는 뜻은 아니었을 것이다. 관계에서 가장 중요한 것은 '진심'이라고 생각한다. 번지르르하게 상대를 칭찬해도 그 말에 진심이 담겨 있지 않다면 우리는 결국 그것을 눈치채고 만다. 그래서 진심이 없는 칭찬은 아부가 되고, 마음에 없는 행동은 가식이 된다. 또 진심은 힘이 강하다. 아주 작은 진심이라도 상대를 위하는 마음이 담겨 있다면 작은 행동 하나에서도 느껴지기 마련이다. 그래서 곧은 진심을 갖는 게 중요하다. 진심을 표현하는 방식에 차이는 있을 수 있지만 동료로서 진짜 잘해 보려는 마음, 감사하는 마음, 환자를 위하는 마음이 있다면 어떻게든 드러나기 마련이다.

나는 진심이 많은 사람이고 부끄럼 없이 잘 드러낸다. 고맙다, 죄송하다는 말을 입에 달고 살고 늘 표현을 해야 직성이 풀리는 성격이다. 일을 하면서는 아무래도 신규인 내가 도와드릴 일 보다는 도움을 받을 일이 더 많았다. 그래서 많이 감사한 일이 있을 때면 사물함에 커피랑 쪽지를 적어 넣어 두기도 하였다. 진짜 고맙고 신세를 져서 감사하다고 표현한 것이었는데 선생님들은 그 작은 마음을 예쁘게 봐 주셨다. 오히려 더 크게 돌려주시기도 하였다. 일 끝나고 야식이나 커피를 사주기도 하시고, 따로 답장을 적어 주기도 하셨다. 손수 써 주신 쪽지는 지금도 다 간직하고 있고, 힘들 때 한 번씩 뒤적거리기도 했다. 그 짧은 쪽지와 마음은 내게 큰 힘이 되어 주었다. 일이 너무 늘지 않아 그만두고 싶었을 때도, 기운 없이 흐느적흐느적 일할 때에도 나는 그 마음들이 가장 큰 힘이 되었다. 일할 때는 너무나 무섭고 어려운 선생님들이지만 진심 앞에 드러난 속살은 다들 따뜻했다. 일은 시간이 지나면 늘기 마련이고 결국엔 인간관계라고 한다. 그 말은 곧 그 답이 내 안에 있다는 뜻일 것이다. 잊지 말자. 진심은 힘이 강하다.

LANEIGE
LANEIGE
VELY VELY

가능성

선생님들하고 얘기하는 게 너무 어려워서요.

행동, 말 하나하나 다 조심스러워서 같이 밥 먹는 것도 어렵더라고요.

후배와 밥을 먹었다. 이브닝 끝날 때쯤이면 습관처럼 배가 고프다. 저녁을 많이 먹든, 적게 먹든 내 위장은 퇴근할 쯤에 활발히 기능한다. 적당히 바쁜 날이었고, 삼겹살이 땡겼다. 12시가 넘은 시간이라 참아볼까도 했지만 마침 밥을 안 먹은 후배 한 명이 있어 겸사겸사 함께 갔다.

입사한 지 열 달이 된 그 후배는 말 한마디, 웃는 모습 한번 본 지 오래되었다. 사실 독립해서 환자를 보기 전까지는 동료 선생님들과도 그럭저럭 잘 지낸 편이었다. 행동은 조금 느려도, 예의가 바르고 싹싹해서 액팅 일을 할 때는 나름 칭찬도 들었다. 그리고 트레이닝을 받고 독립해서 환자를 본 지 세 달째. 기대보다 일이 늘지가 않는다. 어엿하게 독립해서 제 몫을 해 주기를 바라지만 아찔한 사고가 몇 번이나 있었다. 후배 뒷턴으로 인계를 받는 윗연차 선생님의 큰소리가 매일매일 병동 안에 울려 퍼졌다. 듣는 사람 모두가 움츠러들 만큼 크게 혼나고, 얼굴이 새빨개진 모습을 나도 몇 번이고 보았다. 또 같은 시기에 독립한 동기들이 일을 잘하고 있어서 그 친구의 부족함은 더 도드라져 보였다. 평상시엔 안쓰러우면서도 일에서 부딪히면 나 역시 냉랭해지는 건 어쩔 수 없기에 늘 마음만 쓰이던 차였다.

그 친구는 오늘도 저녁을 걸렀다. 바쁘지도 않았는데 왜 밥을 안 먹었냐고 하니까 조심스럽게 입을 뗀다.

"선생님들하고 얘기하는 게 너무 어려워서요. 행동, 말 하나하나 다 조심스러워서 같이 밥 먹는 것도 어렵더라고요. 하하. 밥은 그냥 퇴근하고 먹으면 돼요~."

머쓱하게 웃으며 얘기했지만 그 친구의 힘든 마음이 느껴져서 찡했다. 그렇다. 공공연하게 미운털이 박히고, 거의 매일 같이 혼이 나는 그 친구에게는 함께 밥 먹는 것도, 자연스럽게 나누는 대화마저 어려운 것이었다. 애써 아무렇지 않게 이야기하고 웃는 후배가 혹시 이 자리도 불편한 건 아닌가 싶어 물었다.

"나도 배고파서 같이 밥 먹자고 한 건데 혹시 불편한 거 아니야?"

"아니에요 선생님. 불러주셔서 감사해요. 사실 일도 힘들지만 인간관계가 더 힘든 것 같아요. 같이 퇴근하고 밥 먹는 거 동기들 말고는 거의 없었거든요. 저도 선배님들이랑 잘 지내고 싶은데 마음처럼 안 되고 이미 너무 많이 틀어진 것 같아요. 불러주셔서 좋아요, 정말."

괜히 또 찡하다, 이 친구. 내가 뭐 높은 선배도 아닌데 말을 참 예쁘게 한다.

옆에서 지켜보는 이들도 버거울 만큼 힘든 시기를 보내고 있음을 잘 알기에 조심스럽게 물었다.

"그렇게 힘들면 이직 생각은 안 해 봤어?"

"힘든 것만 생각하면 진작 그만뒀을 거 같아요. 근데 가르쳐준 선생님들께 보답 못한 것도 있고, 무엇보다 제가 지금 그만두면 다들 절 문제아, 답 없는 애로 기억하실 거 같아서요. 저는 원래 그런 애가 아닌데…… 그래서 나중에 그만두게 되더라도 일을 좀 더 잘하고 그만두고 싶어요."

잠시 침묵이 흘렀다. 나는 그 말을 듣고 마음이 먹먹해 뭐라 말을 하기 어려웠다. 내 연차도 고작이라 특별한 조언을 해 줄 수는 없었지만 그저 밥이라도 먹이고, 다른 얘기하고 웃고 자리를 마쳤다. 고깃집을 나오며 후배는 괜찮다는 내게 굳이 아이스크림을 쥐어 주고 갔다. 고기에 아이스크림까지 든든한 배를 부여잡고 집으로 걸어가는 길, 무엇보다 "저는 원래 그런 애가 아닌데"라는 후배의 말이 마음에 얹혔다.

며칠 후 이기주 작가의 《언어의 온도》라는 책을 읽었다. 그리고 가능성이란 단어에서 눈이 멈췄다. 며칠 전 그 후배 생각이 났다. '가능성의 동의어'라는 제목의 본문이었다.

> 중학교 때 사소한 잘못으로 교무실에 불려 간 적이 있다. (중략) 난 교무실에 들어서는 순간 이를 악 물었다. 제자에 대한 사랑의 구타를 당연하게 여기던 시절이었기 때문이다. 하지만 무섭기로 소문났던 학생부 선생님은 혼을 내기는 커녕 이면지 한 장을 꺼내더니 "여기에 네 장점을 써보자"라며 당시엔 듣기 어려웠던 청유형 문장을 구사했다.

칭찬과 지적이 절절히 혼재된 면담이 끝날 무렵, 선생님은 "너처럼 가능성 있는 녀석이 그러면 안 된다"고 하셨다. 난 가능성이란 낱말이 참 듣기 좋았다. 내게 그 표현은 "아직 널 믿는다"는 말로 들렸으니까.

당당하게 교무실을 나서면서 나는 이런 생각을 떠올렸다. 사람 보는 '눈'이란 건 상대의 단점을 들추는 능력이 아니라 장점을 발견하는 능력이라는 것과, 가능성이란 단어가 종종 믿음의 동의어로 쓰인다는 것을.

그 책을 읽으며 나는 다음에 후배를 만나면 꼭 얘기를 해 주어야겠다는 생각이 들었다. 그 때는 미처 말해 주지 못했지만 나는 아직 너의 가능성을, 널 믿는 다고 말해 주고 싶었다. 현재도 중요하지만 가능성이 더 중요한 것이라고. 너의 진심을 알아줄 날이 꼭 올 거라고 말이다. 외롭고 힘들겠지만 그 때까지 네 자신의 믿음을 놓지 말라고, 그 여린 입에 '가능성'이란 단어를 물려주고 싶었다.

유연함

모든 일에는 이유가 있다.

당신의 삶 속에서 가장 지키고 싶은 가치는 무엇인가? 삶에는 무수히 많은 경험과 태도, 아름다운 것들이 존재하지만 우리가 볼 수 있는 것은 기껏해야 내 테두리 안 세상일 뿐이다. 그 무한한 가능성과 아름다움을 위해 나는 '나다움'과 동시에 특히 '유연함'을 지켜나가고 싶다. 그리고 내겐 여행이 가장 좋은 자극이자 유연함의 쿠션이 되어준다.

보수적인 집안에서 자랐던 나는 대학교에 들어갈 때까지 한 번도 외박을 해 본 적이 없었다. 착실한 큰딸로서 그저 부모님이 정해 주신 틀 안에서 성실히 내 나름의 역할을 다할 뿐이었다. 그리고 스무 살, 대학교에 들어와서 처음 맛보았던 그 자유는 풋내기 화장으로도 감출 수 없는 스무 살의 앳됨과 싱그러움, 달콤함 그 자체였다. 밤새 술 먹고 놀며 나를 내팽개칠 수 있는 자유, 내 수

업시간과 공강 시간을 스스로 조정하고 오로지 내 선택과 의지로 보내는 하루들. 물론 그 자유는 그저 자유선택의 의지에 더 가까운 것임을 깨닫기까지 오랜 시간이 걸리지는 않았다. 모든 자유에는 책임이 따르고, 그 시기에만 할 수 있는 일들이 분명히 있지만 그럼에도 내가 놓을 수 없는 단 한 가지 자유는 바로 '여행'이었다.

새 학기 3월에 동아리를 물색하던 중 여행 동아리가 눈에 띄었다. 조금도 고민하지 않고 당차게 홀로 동아리에 가입하였다. 그렇게 한 달에 한 번 혹은 그 이상으로 꾸준히 여행을 다녔다. 한 달 생활비가 30만 원도 채 안 되었는데 여행비로 5만 원에서 10만 원 정도를 미리 빼놓았을 정도로 참 열정적이었다. 그러다 나중에는 회장까지 맡아하게 되었고, 대학생 때만 할 수 있는 여행을 맘껏 해 볼 수 있었다. 충남 공주에서 가평까지 히치하이킹해서 가기, 서른 명 가까운 인원이 다 같이 자전거 여행하기, 지리산 캠핑과 차에서 자기, 폐가 담력 체험 등등…….

자주 여행을 다니며, 몇 번이고 똑같은 곳을 간 적도 있지만 모든 여행은 닮은 듯 다 다른 모습이었다. 그 나름의 추억과 의미들은 내 안에 나이테처럼 차곡차곡 흔적을 남기고 남겨 '나다움'을 만들어 주었다.

첫 기차여행

여행을 좋아하는 사람에게 가장 좋았던 여행지나 추천하는 곳을 묻는 것처럼 어려운 질문은 없지만 나를 바꾼 여행, 내 굵직한 나이테가 된 여행은 스무 살 때 첫 내일로 여행이었다.

나의 경우 내 자유선택 의지에 따르는 책임은 스스로의 경제적 자립이었다. 대학교 내내 학비, 기숙사비, 생활비를 스스로 마련하면서 피나는 독립을 얻었다. 스무 살 때 처음 시작한 아르바이트는 레스토랑 아르바이트였다. 첫 방학 두 달 내내 아침 10시에 출근하고, 밤 11시에 퇴근하며 얻은 월급은 고스란히 기숙사비로 들어갔다. 방학 내내 아르바이트를 하였지만 기숙사비를 내고 나니 내 손에 남은 돈은 단돈 20만 원뿐이었다. 그리고 그 돈으로 뭘 할까 고민을 하다가 일주일 기차 여행을 하기로 마음먹었다. 지금 생각해 보면 20만 원 가지고 어떻게 일주일을 여행했나 싶은데, 그 당시엔 걱정보다도 무모한 설렘이 앞섰다.

그리고 떠나게 된 첫 내일로. 내일로도 시간이 흐르며 다양한 모습으로 변화했다. 내가 스무 살 때 내일로는 비용은 5만 원대, 기간은 일주일이었다. 혼자 하는 여행이었고, 예산도 적어서 일주일 여행 코스를 시간, 분 단위로 세심하게 짜 놓았다. 그런데 출발 하루 전날 친구의 친구가 내일로를 할 건데 계획을 아직 못 짰다고, 부산까지만 같이 가자고 하였다. 처음 만나는 친구이고, 성별도 남자라 고민되었지만 '뭐 어때 부산까지인데' 싶어서 같이 출발하게 되었다.

지금은 이름도 기억나지 않는 그 친구. 대전역에서 처음 만나서 부산행 무궁화로 가던 중 친절하게 내민 삶은 달걀과 바나나우유는 사실 뇌물이었다. 나는 숨 막힐 정도로 계획을 꼼꼼하게 짜왔고, 그는 무식하다 싶을 정도로 계획이 정말 하나도 없었다. 티켓만 샀지 특별히 가고 싶은 곳도, 알아본 것도 전혀 없던 그는 나의 너덜너덜한 계획 종이를 보며 쭉 나를 따라다니겠다고 마음먹었다고 한다.

단, 여기서 짚고 가야할 점은 나나 그가 서로에게 호감이 있어서 여행을 같이 다닌 것은 아니라는 점이다. 남자와 여자로 느끼기엔 그 당시 우린 너무 순진했고, 다 제쳐 놓고 그저 서로가 전혀 끌리지 않았다. 오히려 그랬기에 일주일 여행을 같이 다닐 수 있었다.

락 가수를 꿈꾸던 그는 애초에 '틀'이라는 게 존재하지 않는 사람이었다. 하루는 내가, 하루는 그가 가고 싶은 곳을 골라 여행을 했다. 해남 땅끝 마을에서 남해바다를 본 후 그는 갑자기 동해바다가 보고 싶다고 하였다. 그렇게 기차 시간도 알아보지 않고 기차에 올라타 12시간 넘게 기차를 타고 정동진까지 가기도 하였다. 앞뒤 맥락 없는 그의 선택에 고생도 많이 하고, 빙빙 돌아가기도 했다. 하지만 그 덕에 생각해 보지도 못했던, 나라면 결코 가지 않았을 여행지에도 가볼 수 있었다.

그는 열차카페에서 쭈그리고 앉아 가던 중에 옆 사람의 기타를 빌려 노래를 부르기도 할 만큼 타인의 시선에 참 아랑곳하지 않았다. 그래도 서로 짐 들어주기 내기로 내가 그의 가방까지 배낭 두 개를 앞뒤로 끙끙 매고 다니자 주변 사람들이 쳐다본다고 지 가방만 걷어가던 속은 제법 착한 친구였다. (실제로 수군거리며 쳐다보는 사람들 때문에 내 어깨는 가벼워졌지만 여기서 그는 남녀의 불평등함을 논했다.) 여행 내내 우리가 공유했던 건 서로의 '음악 취향' 뿐, 그도 나도 서로를 크게 궁금해하지 않았고 어렴풋이 정반대의 사람이란 것만 느낄 수 있었다.

대전, 부산, 순천, 보성, 담양, 목포, 해남, 정동진. 우리의 일주일 여행코스는 이 정도였다. 너덜너덜한 내일로 지도와 종종 길바닥 신세였던 배낭. 일주일 내내 찜질방과 기차에서 자느라 꾀죄죄한 몰골 덕에 남 보여줄 예쁜 사진

한 장 없었다. 하도 걷고 걸어서 피곤함 가득한 여행이었지만 다양한 경험으로, 젊음으로 충만한 첫 내일로 여행이었다. 여행에 신선함을 더해 준 가오나시를 닮았던 그 친구는, 득음을 하겠다고 1년 후에 학교를 자퇴하였다고 한다.

유연함

그의 등장으로 나의 모든 여행계획은 자연스럽게 틀어졌다. 처음에 짰던 여행계획이 뭐였는지 기억도 나지 않을 정도로 변수투성이였다. 그런데 틀에 박힌 생각밖에 하지 못하던, 계획의 틀어짐을 견디지 못했던 나는 오히려 그 틀어짐 속에서 숨이 트임을 느꼈다.

살아가며 우리는 모든 일이 결코 내 마음대로 흘러가지 않음을 자연스럽게 느끼게 된다. 하지만 스무 살의 나는 내 마음대로 흘러가지 않는 상황을 끔찍이 못 견뎌 했다. 아무것도 이렇다 할 것이 없는 백지 상태임에도 불구하고, 부모님께 물려받은 보편적이고 까만 선으로 스스로를 제한하였다. 충실하게 그렇게 자랐기에 그 선을 벗어남이 두려웠던 것 같다.

그런 좁고 딱딱한 세상 속에 살던 나에게 여행은 신선한 자극이 되어 주었다. 계획이 틀어져도, 내 마음대로 흘러가지 않더라도 그 모든 것이 나름대로 의미가 있고, 괜찮을 수 있음을 느끼게 해 주었다. 딱딱했던 사고와 굳은 마음을 유연하고 말랑말랑하게 해 주었고, 더 큰 세상에 눈 뜨게 해 준 불빛이었다. 그제야 나는 내가 그은 선에서 벗어나 스스로에게 온전한 백지 상태를 허락할 수 있었다.

파울로 코엘료의 책 《연금술사》에는 "모든 일에는 이유가 있다."라는 말이 나온다. 모든 일이 어떻게 흘러가도, 특히 내 마음 같지 않더라도 그 나름의 이유가 있음을 인정하며 기꺼이 받아들이는 태도야말로 우리를 더욱 젊게, 자유롭게 한다.

나이 들어감의 가장 큰 장점은(아직 많이 안 먹었지만) 내가 무엇을 좋아하는지, 내가 어떤 사람인지를 알아가는 것인 듯하다. 삶에서 내가 취할 가치와 태도는 취하고, 버릴 부분은 내려놓으면서 우리는 '나다움'을 형성해간다. 가장 경계해야 할 부분은 그 '나'라는 틀에 너무 강하게 휩싸이거나 갇히지 않는 것이다.

나는 내 유연함의 쿠션인 여행을 사랑하고, 앞으로도 유연함을 내 가치로 지켜나가고 싶다. 그리고 당신에게도 삶의 유연함을 위한 당신만의 쿠션이 있기를 바란다. 기꺼이 내 맘 같지 않은 것들을 받아들이고 그 나름의 이유를 인정하며, 진정한 자유를 누릴 수 있기를 바란다.

> 삶의 아름다움은 미래를 위해
> 무엇이 좋을지 알지 못하는 데 있다.

박웅현, 《다시, 책은 도끼다》 중

in 순천여행 alone

꿈 찾기

간호사가 꿈이었냐고요?

천만에요.

초등학생, 중학생 때 내 꿈은 승무원이었다. 고등학생 때는 국어 선생님이었다. 사람이 변하는 만큼 꿈도 변하지만 간호사가 꿈이었던 적은 한 번도 없었다.

애초에 간호학과에 오게 된 것은 수능이 뒤집어져서였다. 나는 늘 언어 영역에 자신이 있었고, 고등학교 내내 일이 등급을 놓치지 않았었다. 그러나 막상 수능 때는 너무 긴장한 탓인지 일 교시 언어를 가장 망쳐버렸다. 3년 내내 받아 본 적 없는 가장 낮은 등급, 그 날 처음 본 제2외국어 아랍어와 똑같은 등급을 받았다. 그리고 평상시 수포자(수학포기자)였지만 마음 놓고 본 수리가 오히려 술술 잘 풀렸다. 그 결과 수리는 고등학교 내내 성적보다 수능 때 가장 높은 등급을 받았다. 언어와 수학 점수가 정반대로 나왔으니 원래 생각했던 국어교육과는 갈 수가 없었다. 그래서 등급에 맞춰서 학과를 고를 수밖에 없었고, 간호학과가 '부모님' 눈에 띄었다. 나는 한 번도 생각해 보지 않은 진로였지만 부모님의 완강한 의지로 간호학과에 오게 되었다.

처음 간호학과에 입학해서는 공부가 정말 하기 싫었다. 내 자리가 아닌 느낌, 억지로 끌려온 기분을 떨칠 수가 없었다. 해부학, 생리학은 이해도 되지 않을뿐더러 외울 건 왜 그렇게 많은지. 다른 학과의 친구들은 열심히 노는 것 같은데 간호학과는 일, 이 학년이라고 예외를 두지 않았다. 중간, 기말 고사도 모자라서 수시고사까지 한 달에 두세 번도 있었다. 다른 새내기 대학생들이 하늘하늘 캠퍼스를 거닐 때 간호학과 학생들은 백과사전 같은 전공 책을 들고 끙끙거리며 다닌다. 나는 그 틈에 스며들지 않고 겉돌았다. 그런 분위기에서는 차라리 공부를 하는 게 마음 편했을 것이다. 공부해야 한다는 것을 알면서도 징글징글하게 안 하고 있을 때의 스트레스는 고삼 때보다 더 무거웠다.

물론 다른 친구들도 정말 간호사가 되고 싶어서 온 친구들은 드물었다. 대부분 높은 취업률, 안정성을 보고 지원한 것이었다. 그래서 '내가 원해서 온 게 아니야'라는 어린 반항은 3학년 때 그만두었다. 직접 병원에서 부딪쳐보고 실습을 하며 의미를 찾았다. 4년간 간호학과 공부를 하면서 나도 모르게 내 안에 간호가 스며들었고, 기왕 힘들게 배운 것 잘 활용해 보고 싶다는 생각도 들었다.

하지만 간호사가 꿈이라…… 와닿지 않았다. 좋은 대학병원을 목표로 할 수는 있겠지만 좋은 직장을 내 단 하나의 가치로 삼고 싶지는 않았다. 그래서일까. 취업준비를 열심히 하면서도 목표 이상의 꿈을 향한 간절함과는 거리가 있었다. 그러나 사실 그것도 막연한 생각만 있을 뿐, 간호학생 때는 목표를 좇는 것만으로도 간호사가 되는 것만으로도 벅찼다. 국가고시를 보고, 취업준비를 하는 치열한 시간 끝에 원하던 대학병원에 입사할 수 있었다. 그렇게 나는 내 꿈이 이루어진 줄로 알았다.

입사만 하면 행복해지고 안정적일 줄 알았다. 원하던 병원에 취직만 하면 간호사가 될 줄 알았다. 하지만 학교에서 배운 것들 만으로는 충분하지 않았고, 진짜 간호사로서의 길은 멀고 멀었다. 또 병원 밖의 생활도 행복하지 않았다. 학생 때까지만 해도 남들 다 하는 만큼도 나쁘지 않았다. 보편적인 삶이지만 그 틈에서 조금씩 내가 좋아하는 것들을 해 보고, 그 틈에 종종 깃드는 공허함과 우울함은 견딜 만했다. 그렇지만 일을 하면서 느끼는 공허함과 힘듦은 종종 한계를 넘어설 정도였다. 버티기가 필요했다. 그리고 내가 이렇게까지 버티고, 이 일을 해야 하는 이유가 필요했다. 이제는 진짜 꿈이 필요하다고 느꼈다.

꿈을 좇는 사람들

이십 대 중후반의 직장인에게 꿈이 뭐냐고 물으면 뭔가 낯간지럽고 몸이 배배 꼬여한다. 중 · 고등학교 때 무수히 들었던 그 단어가 이제는 나와는 너무나 먼 얘기처럼 느껴진다. 학교 다닐 때까지는 대부분 열심히 꿈에 대해 고민을 한다. 주위에서도 "넌 꿈이 뭐니?" 하고 종종 물어보고는 한다. 두루뭉술하지만 꿈이란 단어에 많이 노출되고 익숙했던 것 같다. 그리고 대학교에 가면 이런저런 경험을 통해 꿈을 확장하기도 한다. 하지만 직장을 잡고 사회인이 되면, 꿈 찾기는 일체 스톱이다. 일에 치이기도 하고, 대부분 직업과 꿈을 동일시해 온 탓에 이어갈 꿈이 부족하게 된다. 그렇지만 오히려 나는 직장생활을 하고, 사회인이 되고 나서 더더욱 꿈, 취미생활이 필요하다고 느꼈다. 그렇지 않으면 월급이나 돈 모으기, 결혼 준비 등 보편적인 쳇바퀴에 갇히게 된다. 그 쳇바퀴는 제법 견고해서 그 안에 들어가면 쉽게 빠져나오기 힘들뿐더러 그 안에서는 기대되는 내일도 희망도 없다.

나는 꿈에 대한 갈증을 심하게 느꼈다. 간호사라는 직업 안에서의 꿈, 내 인생에서의 꿈이 필요했다. 그리고 책을 내 오아시스로 삼았다. 꿈과 관련된 책들을 많이 읽었고 그중에서도 김수영 작가의 책 《당신의 꿈은 무엇입니까》를 재밌게 읽었다. 이 책은 김수영 작가가 전 세계를 여행하며 다양한 사람들의 꿈을 인터뷰한 것이다. 그중에서도 그리스에서 만난 마라와의 인터뷰가 인상적이었다.

> 요트를 배우러 간 그리스에서 너무나 사랑스럽고 행복해 보이는 커플이 있어 인터뷰를 부탁했는데 그녀는 대학에서 언어학을 가르치는 강사이자 번역가로 일하고 있다고 했다. 인터뷰를 통해 그녀가 과거에 치과의사였다는 사실에 놀라 그 일을 어떻게 포기했는지를 물었는데
>
> "벌써, 10여 년이 지난 일이지만, 사람들이 다 수영 씨 같은 반응을 보이네요. 전 치과의사가 정말 적성에 맞지 않았거든요. 인생 한 번 살지 두 번 사는 거 아니잖아요. 아무리 돈을 많이 벌 수 있어도 제 길이 아니라면 소중한 시간을 낭비할 수는 없잖아요. 저희가 행복해 보인다고 하셨는데, 행복이나 평화는 그냥 주어지는 것이 아니에요. 수많은 선택과 노력 끝에 얻어낸 결과죠."
>
> 김수영, 《당신의 꿈은 무엇입니까》 중

자신이 좋아하는 일을 하고 행복해 보이는 사람들도 처음부터 자신의 길을 알았던 것은 아니다. 주어진 길로만 걷기보다 고민하고 고민해서 나만의 행복, 나만의 기쁨을 찾은 것이다.

내가 좋아하는 것이 무엇인지, 내가 어떨 때 행복한지, 내 꿈은 무엇인지에 대해 우리는 끊임없이 고민해야 하지만 정답을 가르쳐주는 곳은 어디에도 없다. 나 역시 평범하고 보편적으로 자란 스물여섯으로 남들 하는 만큼, 딱 그만큼만 해 보고 살았다. 그러다 보니 딱 그만큼일 뿐이었다. 보편이라는 포장 아래 나다움은 없었다.

꿈에 관한 다양한 책들은 조언해 주었다. 나다움을 위해, 내 꿈을 찾기 위해서는 나 스스로 노력을 해야 한다고. 누구도 그것을 쥐어줄 수 없고, 살아가다 보면 자연히 알게 되는 것도 아니라고 하였다. 그래서 나는 차근차근 시작하였다. 우선 대학생 때의 다양한 경험을 되짚어 보았다. 봉사활동, 대외활동, 해외연수, 공모전…….

이 중에서 내가 좋아하는 게 무엇이었는지, 무엇을 할 때 가장 행복했는지 촉수를 바짝 세웠다. 그리고 내가 어떤 삶을 살고 싶은지 혼자 사색하고 일기를 쓰면서 고민했다. 다양한 경험 속에 유독 내가 좋아하는 일이 있었고, 그것에 시간을 쏟고자 했다. 나는 여행과 책이 좋았다. 병원 밖의 삶, 내 취미를 찾아 이것저것 방황하는 과정 속에서 꿈은 그 은밀한 어깨를 드러내었다.

과정의 행복

한 주례 영상이 화제가 되었던 적이 있다. '인생 선배의 개념 주례사'라는 멘트와 함께 6분 42초의 짧은 그 영상은 10만 명 가까운 이들의 공감을 받았다. 영상에는 신영준 박사라는 단 한분의 모습만 비친다. 짧은 주례사는 강한 인상을 준다.

> "…… 서로 다른 기준을 갖고 생활한 사람이지만 이제 가족으로서 합의된 기준이 필요합니다. 그럼 그 기준이 무엇이 돼야 하냐, 바로 서로의 '꿈' 입니다. 양가 부모님께 질문 하나 드리겠습니다. 내 며느리의 꿈, 내 사위의 꿈이 뭔지 알고 계시나요? 당연히 아실 리가 없겠죠. 두 청년도 본인의 꿈이 정확히 뭔지 몰랐습니다. 그래서 제가 물어봤습니다. 신랑의 꿈은 훌륭한 사회적 기업가가 돼서 세상의 많은 문제들을 해결하는 것입니다. 신부의 꿈은 멀리 보고 통찰력 있는 사람이 될 수 있도록 평생 공부하는 게 꿈이랍니다. 멋지죠? 제가 들어도 멋진 꿈입니다.
>
> 세상에서 어떤 사람이 가장 행복한 사람이겠습니까? 꿈을 이룬 사람보다는 꿈을 이뤄가는 사람이 가장 행복한 사람일 것입니다. 그러면 어떤 부부가 행복한 부부가 될까요? 개인이 불행한데 행복한 부부는 있을 수 없습니다. 그건 거짓말입니다. 우선 개인이 먼저 행복해야 합니다. 서로가 서로의 꿈을 이룰 수 있도록 가장 완벽한 조력자가 되어야 합니다 ……."

나는 이 영상을 보면서 꿈을 이뤄가는 사람이 가장 행복한 사람이라는 말에 뭉클하였다. 꿈을 찾는 것도 이뤄가는 과정도 쉽지 않다. 평생 꿈 없이 살아가는 이들도 많다. 우리 주변에는 서로의 꿈을 응원해 주는 사람보다 끌어내리려는 사람들이 많다. 그럼에도 당신의 꿈 찾기는 계속되어야 한다. 진짜 행복은 그 과정 안에 있기에.

그렇다. 오히려 이십 대 중후반의 우리에게는 더더욱 꿈이 필요하다. 이제는 내 인생을 내가 결정하고 책임져야 할 때니까. 꿈이 있어야 방향이 생기고, 방향이 생겨야 나다운 삶을 살 수 있다. 당신의 꿈은 무엇인가요?

> "탄생이라는 것은 항상 어려운 일이지요. 새도 알에서 나오기 위해서는 애를 써야 하니까요. 돌이켜 생각해 보고 자신에게 물어보세요. 대체 그 길이 그렇게 어려운 것이었을까. 그저 어렵기만 했던 걸까. 그것 역시 아름답지는 않았던가 하고 말이에요. 당신은 더 아름답고 더 쉬운 길을 알고 있었나요?"
>
> 헤르만헤세, 《데미안》 중

간호사 작가

스물여섯 지금의 나는 가진 게 꿈 밖에 없다.

나는 그저 진심이 담긴 글을 쓰고 싶었다.

진심을 전할 수 있는, 아주 작은 희망이 될 수 있는 글을.

2017년 현 시대에 우리는 SNS, 유튜브 등 다양한 매체를 통해 자신을 드러내며 살아간다. 그중에서도 글쓰기에 대한 관심이 커지고 있다. 한 뉴스보도에 따르면 지난해 글쓰기 책 판매량은 2015년보다 32.9%나 증가했다고 한다. 다양한 글쓰기, 책쓰기 책이 서점에서 눈길을 끌고 있고, 인터넷 서점에는 책쓰기 카테고리가 따로 생겼을 정도이다.

나는 언제부턴가 누군가 꿈을 물으면 '간호사 작가'라고 대답하였다. 꾸준히 책을 읽고, 독서모임에도 나가다 보니 자연스럽게 책쓰기로 마음이 갔다. 내 대답을 들은 사람들의 반응은 각양각색이었다. "간호사는 알겠는데 작가라고~?" 하며 불신의 눈초리로 위아래를 훑어보기도 하고, "그래, 요새 인스

타그램이나 페이스북에도 글 쓰는 사람 많던데, 한번 잘 해봐"라며 응원해 주는 사람들도 있었다. 사실 우리 부모님부터도 뜬구름 잡는 소리라고 와닿지 않는다고 하셨다. 그러니 의심의 눈초리를 보내는 사람들의 반응도 놀랍지 않았다. 오히려 더 인상적이었던 건 그럴 수 있다고 말해 주는 소수의 사람들이었다.

나도 간호사로 일하고 있지만 주위를 둘러보니 더 많은 간호사들이 눈에 들어왔다. 간호사 웹툰 작가, 페이스북 작가, 간호사들끼리 이야기를 나누는 촛불 페이지 등 다양한 매체에서 자신들의 소리를 내고 있었다. 그림으로, 책으로, 글로써 다들 각자의 방식으로 활발히 소통하고 있었다. 내게 그럴 수 있다고 말해 준 소수의 사람들도 자신의 눈으로 직접 그런 이들을 보았기 때문일 것이다. 그렇다면 그들이 자신만의 이야기를 함께 나누고 싶어 하는 이유는 무엇일까? 단순히 공감하고 위로받고 싶어서는 아닐 것이다. 나는 그게 바로 글의 힘, 나눔의 힘이라고 생각한다.

간호사 작가

우선 나는 작가를 꿈꾸기 이전에 간호사이다. 하지만 내가 간호사를 대변할 만큼의 위치는 되지 않는다.

처음 내가 글을 쓰게 된 가장 큰 원동력도 내가 느끼는 감동, 아름다움을 글로 표현하고 싶다는 욕망 때문이었다. 모든 아름다운 것들에 눈물이 나고 마는 그 감정의 소용돌이를, 꿈틀거리는 내 안의 무언가를 글로 쏟아내고 싶었다. 더 많은 이들과 나누고 싶다는 욕망이 들끓었다. 그 욕망의 근원은 알지 못하였지만 그 힘에 이끌려 허덕거렸다. 책쓰기 협회도 찾아가고, 공모전에도 도전하고, 시중에 나와 있는 책쓰기 관련 책은 다 끌어안았다. 하지만 나이트 끝나고 잠 못 자고 찾아간 책쓰기 협회에서는 실현불가능이란 낙인을 받았고, 공모전은 하나같이 다 상냥한 거절의 메일을 받았다.

처음에는 글을 생각하는 것만으로도 마음이 찡했다. 작가 이야기만 나와도, 글쓰기 얘기만 나와도 뭉클했다. 사실 나는 내가 그렇게 간절한 꿈을 가질 수 있는 사람이라고 생각하지 않았다. 25년을 그렇게 살아왔고, 꿈이 생긴 것만으로도 코끝이 시렸다. 하지만 거절의 거절을 거듭하며 참을 수 없이 눈물이 났다. 꿈을 이루기 위해 고군분투하는 과정은 오히려 내가 소중하다고 생각했던 내 꿈이 보잘것없음을 끊임없이 확인하는 일 같았다. 부족한 글솜씨로 미처 다 표현할 수 없음이 서글펐고, 깊은 욕망을 툭하고 건드려버렸지만 도저히 펴낼 날개가 없는 기분이었다. 무엇보다 '나 따위가 무슨'이라는 마음의 덫이 나를 끊임없이 끌어내리려 하였다.

그럼에도 나는 귀 기울여 주기로 하였다. 어렵게 꺼낸 꿈이었고, 무엇보다 소중한 '내 꿈'이었다. 평생 닿지 못할지도 모른다. 누구 하나 응원해 주지 않을지도 모른다. 하지만 꽁꽁 숨겨 두고 외면하기보다는 끊임없이 상처받고 난도질당할지라도 기꺼이 세상 밖으로 꺼내놓기로 하였다.

"진실한 글은 언제나 사람에게 희망이 된다. 진실하다면 그것으로 됐다."

손미나, 《파리에선 그대가 꽃이다》 중

유명한 글, 아름다운 글을 쓸 수 있다면 더할 나위 없이 좋겠다. 하지만 나는 그저 진심이 담긴 글을 쓰고 싶었다. 진심을 전할 수 있는, 아주 작은 희망이 될 수 있는 글을.

책쓰기

그렇게 아무 보장 없이 작은 희망만으로 책쓰기를 시작했다. 글쓰기는 나만의 작업인 데 반해 책쓰기는 나누는 작업이었다. 주제는 내가 가장 힘들었던 시기인 '신규 간호사'로 마음먹었다. 신규 간호사와 간호학생들에게 글로 힘이 되어 주고 싶었다.

하지만 책쓰기를 혼자 하려고 하니 너무 막막하였다. 발만 동동 구르던 차에 다행히 하늘이 도왔다. 평소 나가던 독서모임에서 1기 책쓰기 멤버를 모집한다고 하였다. 간단한 지원서지만 간절한 마음으로 작성하였고, 나까지 총 셋이서 함께 책쓰기를 시작하게 되었다. 스승님과 동지가 생겼다. 그렇게 홀로이면서도 함께 책쓰기 여정에 올랐다.

하지만 책쓰기를 하면서도 나는 신규 간호사였다. 글쓰기나 책 읽기에만 몰입할 수가 없었다. 입사한 지 2년째쯤부터 책쓰기를 시작했다. 처음보다는 일도 능숙해지고, 후배들도 생겼다. 그렇지만 여전히 모르는 것도 많고, 나는 부족하였다. 병원 일은 종종 지나치게 바빴고, 잠자고 출근하기만으로도 벅찬 날이 많았다. 하지만 기왕 시작한 글쓰기, 책쓰기인 만큼 꼭 결과물을 내고 싶었다. 여러 가지 책쓰기 책에서는 두 달을 초고완성으로 잡으라고 하였다. 하지만 나는 정확히 네 달이 걸렸다. 잠을 줄이고 그 외 여가시간은 줄일 수 있었지만 일에 지장이 있을 수 있는 공부하는 시간이나 컨디션 조절을 위한 시간은 줄이기 어려웠다. 그렇게 남들보다 두 배 정도 시간이 더 걸려 드디어 초고를 완성할 수 있었다.

삼교대를 하면 잠을 줄이고 말고가 아니라 필수적으로 자야 하는 시간이 있다. 안 그러면 머리가 멍해지고 체력이 부족해지기 십상이다. 체력이 부족해지면 쉽게 몸이 아프고, 몸이 아프면 일에 지장이 생긴다. 또 병원 일이 조금 익숙해졌다고는 해도 긴장을 놓을 수 있는 정도는 아니었다.

사정이 이러하니 내가 내린 결론은 하루에 병원 공부 30분과 한 꼭지 글쓰기를 병행하는 것이었다. 우선 한 꼭지란 책에서 작은 원고의 작은 묶음을 뜻한다. A4 두세 장 분량의 한 본문 정도로 생각할 수 있겠다. 결심을 실천하기 위해 따로 계획표도 만들었다. 달력처럼 날짜를 적어놓고, 그 날의 목표 공부와 글쓰기를 적으며 매일매일 ×표를 이어나갔다. 공부는 동그라미, 글쓰기는 ×표를 치며 균형을 잡고자 노력하였다.

책쓰기 모임은 주말마다 있었는데 신규 간호사가 주말에 쉴 수 있는 경우는 드물다. 그래서 일 끝나고, 출근 전에 모임을 가곤 했다. 책쓰기를 우선순위로 두면서 몇 달 동안 다른 일은 거의 내려놓다시피 하였다. 피곤한 몸을 매번 이

끄는 것도 힘들고, 혼자 고군분투하며 포기하고 싶은 순간도 많았다.

유독 지쳐 있던 어느 날에는 병동에 신규 간호사가 들어왔다. 입사 이틀째로 영락없이 불안하고 두려움 가득한 눈빛이었다. 그 눈빛을 보며 나는 생각했다. 내가 이 글을 쓰는 건 단순한 나의 자아실현이 아니다. 처음에 얼마나 힘들고 불안했는지 잘 알기에 위로가 되고 싶어서 시작한 글이었다는 것을 되새겼다. 결코 나를 위한, 나 혼자만의 글이 아님을 되새겼다.

처음에는 글을 쓰는 건 나 혼자만의 작업이라고 생각했다. 하지만 책쓰기 모임이 없었다면, 함께 응원해 주는 사람들이 없었다면 나는 진작 나가떨어졌을 것이다. 주변 사람들의, 주변 사람들을 위한 시선이 결국 내면의 가장 큰 힘이 되어 주었다.

선한 영향력

선한 영향력이라는 표현을 들어본 적 있는가? 나는 종교를 통해 이 단어를 처음 접했었다. 그리고 글을 쓰면서 그 뜻을 실감할 수 있었다.

앞서 나온 '외할머니의 부고'라는 본문을 쓰고, 엄마께 보여드렸었다. 그 전까지는 가족들에게 글을 보여준 적이 없어서 망설여지기도 하였다. 그렇지만 나는 그 본문을 주룩주룩 울면서 썼고, 엄마께만은 보여드리고 싶었다. 그런데 글을 보내고 한참 후에도 답변이 없었다. 엄마가 워낙 애정표현이 없는 분이셔서 그냥 글이 마음에 안 드셨나 보다 하고 짐작했다. 그리고 잠시 후 동생에게서 전화가 왔다. 엄마가 전화가 왔는데 우시는 것 같다고 하였다. 언니한테 직접 표현은 안 하시지만 고맙다고 울고 계신다고 하였다. 표현이 서툰 나의 어머니는 내 앞에서 눈물 한 번 보이신 적 없는 분이셨고 고맙다는 말 역시 쑥스러우셨는지 동생을 통해 마음을 전하셨다.

내색은 안 하셨지만 할머니 부고 당시 내가 조금은 원망스러우셨을 엄마이다. 장례 치를 때도 곁을 지키지 못했고, 유독 바쁘고 매정해 보이는 딸이었다. 내가 그 글을 쓰면서 그렇게 운 것도 할머니와 엄마께 죄송한 마음과 아쉬움이 컸기 때문이다. 김현승 시인의 시에 나오는 표현처럼 나는 그 글을 씀으로써 비로소 씻김을 받은 기분이었다.

엄마와의 은밀한 화해 후 나는 더욱 감사했다. 나 자신을 위해 쓴 글이었지만 내 주변 사람들에게도 선한 영향을 줄 수 있음을 경험했다. 나눔의 힘이란 그런 것인 것 같다. 책이 나온다고 주변 사람들에게 소식을 전하면서 가장 많이 들은 말도 그것이다. 그 모습 자체로 긍정적인 자극이 되고, 좋은 영향을 준다고 하였다. 누군가는 '나도 글을 써보고 싶었는데 한번 도전해봐야겠다.'라고 하였고, 누군가는 '바쁜 간호사 생활을 하면서 글을 쓴 게 대단하다. 나도 내가 하고 싶은 일을 좀 더 열심히 해봐야겠다.'라는 등 스스로를 향한 대화를 나누곤 하였다. 그 감사한 경험들로 나는 작은 욕심이 생겼다. 앞으로 내 삶에서 더 큰 선한 영향력을 발휘하며 살아가고 싶다는 욕심이 생겼다.

또한 매일매일 글을 쓰면서 나는 이 글쓰기가 궁극적으로 내 '간호'에 큰 의미와 힘이 된다는 걸 깨달았다. 스쳐지나갈 일도 더 깊이 생각해 보게 되었고, 때로는 일로 지쳐있는 내 마음을 글이 다잡아주기도 하였다. 바쁜 일터에서 매번 사려 깊고 좋은 간호사일 수는 없지만 더 좋은 간호사가 되기를 포기하지 않는 내 모습을 볼 수 있었다.

글을 쓰는 것도 병원 일을 하는 것도 언제나 내 부족함을 끊임없이 확인하는 작업이었다. 간호학생 때는 병원에 입사만 하면 될 줄 알았고, 그 다음에는 1년만 채우면 될 줄 알았다. 글을 쓰는 일도 초고만 완성하면 될 줄 알았고, 계약만 하면 될 줄 알았다. 하지만 언제나 충분하지도, 끝이 나지도 않았다. 그저 어제보다 나은 매일 매일이 있을 뿐이었다. 그리고 나중에는 그런 생각이 들었다. 그냥 끝은 없고 과정만 있을 뿐이라고. 또 그 과정들이 매번 행복할 수는 없지만 결과가 상관없을 만큼 그 자체로 소중하다고 느꼈다. 이 글들도 내 삶의 치열한 흔적들도 그 자체로 앞으로 내 생에 소중한 경험으로 간직될 것이다.

언젠가 병원 외부 교육을 갔다가 '10년 후의 나'를 그림으로 소개할 일이 있었다. 그림을 너무나도 못 그리는 나이지만 오랜만에 보는 알록달록 색연필이 반가웠다. 나는 하얀 백지 위에 파란 하늘과 보름달로 10년 후의 나를 표현했다.

스물여섯 지금의 나는 가진 게 꿈밖에 없다. 지금은 비록 초승달, 반달도 채 안 되지만 언젠가는 환한 보름달이 되고 싶다. 달이 차오르며 밤하늘을 환하게 비추듯이, 나도 꾸준히 나를 채워가며 내 주변까지 비춰줄 수 있는 사람이고 싶다. 나라는 사람 자체일 수도 있고, 내 글이 될 수도 있겠지만 그게 무엇이든 내 주변사람들까지 비춰줄 수 있는 넉넉한 사람이 되고 싶다.

버티기를 넘어 충만하게

병원일은 누구 한 명 잘해서,

나 혼자 잘나서 해낼 수 있는 일이 아니다.

사람들은 이곳에서 슬픔에 젖곤 하지만, 사회라는 곳이 꼭 슬픔만 가득한 곳이 아니듯 응급실에서도 가끔씩 기쁘거나 미묘한 순간들이 있습니다.

남궁인, 《만약은 없다》 중

처음엔 말 붙이기는커녕 같은 공간에 있는 것만으로도 버거웠던 선생님들. 아직도 그 분들이 어렵긴 하지만 그래도 팔은 역시 안으로 굽게 되어 있다. 일을 하며 가장 무서운 사람은 수간호사 선생님도, 보호자도 아닌 같이 근무하는 윗선생님들이다. 그러나 내가 어려움에 처했을 때, 부당한 대우를 받을 때 누구보다 나를 보호해 주고 편들어 주시는 분들도 결국 우리 선생님들이다.

주관적 편들기

새벽 2시 나이트 근무 때였다. 그날 내 환자분은 울혈성 심부전으로 심장내과로 입원을 한, 폐렴까지 있는 분이셨다. 환자분은 밤 11시 출근 때부터 숨소리가 예사롭지 않더니 결국 새벽에는 산소 유지가 되지 않았다. 95% 이상은 유지되어야 하는 산소 수치가 새벽 2시쯤에는 80% 대를 간당간당하게 맴돌고 있었다. 나는 담당 주치의에게 전화를 하였고 상황을 설명했다.

늦은 시간 전화에 주치의는 짜증이 났다. 산소를 증량하자고 하였고, 그럼에도 환자는 호전되지 않았다. 잠시 후 이번에는 심전도EKG까지 비정상적으로 변하였다. 나는 노티를 하였고, 세 번째 전화 때에 주치의는 화가 매우 났다.

"아 씨발, 그래서 이 늦은 시간에 어쩌라고요." 하고는 전화를 세차게 끊어버렸다.

어떤 대답을 할 틈도 없이 뚝 끊겨버린 전화기 너머로 나는 내 귀를 의심했다. 내가 뭘 잘못한 거지? 노티를 잘못했나? 아무리 생각해도 잘못한 건 없었다. 나는 마땅히 해야 할 일을 했을 뿐이었다. 심히 기분이 나빴지만 환자가 안 좋으니 다시 전화를 해야만 했다.

"선생님 늦은 시간인 건 저도 아는데 환자가 안 좋다고요. 와서 보셔야 할 것 같아요."

"아, 알겠다고요."

주치의는 여전히 쌩하게 전화를 끊어버렸고, 결국 1, 2시간 후 환자는 기관삽관까지 필요하게 되었다. 그제야 나타난 주치의는 여전히 짜증이 가득한 태도였다. 무엇이 그를 그렇게 불편하게 만들었는지 알 수는 없지만, 상황이 정리되고도 나는 그에게 한마디 사과도 듣지 못하였다.

그리고 근무가 끝나고 긴장이 풀리자, 덮어두었던 억울한 마음이 쑥욱 고개를 드밀었다. 부당하다는 생각은 들었지만 당시엔 왈가왈부할 자신도, 정신도 없었다. 나는 퇴근길에 동료 선생님들께 하소연하듯 그 일을 말씀드렸고, 선생님들은 내 일처럼 씩씩거리며 편을 들어 주셨다. 네가 잘못한 건 없다, 그런 부당한 일이 있으면 말을 해야 한다고 조언까지 해 주셨다. 물론 그 상황에서 털어놓고 의사와 의사소통하지 못한 내 잘못도 있다. 하지만 당시 나는 마땅히 해야 할 말도 하지 못하는 주눅 든 신규 간호사였다. 내 잘못이 아니라는 타인의 객관적인 판단, 그보다도 주관적인 동료의 편들기에 그제야 마음이 놓이는 그런 처지였다. 그렇게 가벼운 뒷담과 주관적 편들기로 작은 억울함을 털어버릴 수 있었다.

또 한 번은 점심 면회시간에 보호자들과 큰소리가 오간 적이 있었다. 환자는 소화기 쪽 문제로 입원을 한 육십 대 할머니였다. 중환자실 입원 기간이 길어지다 보니 할머니는 이따금 섬망delirium 증세를 보이셨다. 그리고 전날 밤에 한숨도 안 주무시면서 섬망이 더 심해졌다. 급기야 침대에서 내려오려고 하고 집에 가야 한다는 등 불안정한 모습을 보이셨다. 말로 설명하여도 순응이 되지 않았고, 낙상이나 신체손상위험이 컸다. 그래서 면회 전 주보호자인 아들에게 전화를 하였고, 억제대 필요성에 대해 설명 후 동의를 받았다.

그리고 면회시간, 면회를 온 건 매일 오던 아들이 아닌 남편분이었다. 남편분은 팔이 결박되어 있는 아내의 모습에 격분하였다. 큰소리로 담당 간호사를 찾았고, 나는 차분히 상황을 설명드렸다. 하지만 그 분은 어떤 이유나 설명을 듣고 싶어서 나를 부른 게 아니었다. 그저 쏟아부을 상대가 필요하신 것 같았다. 모든 보호자가 면회를 하고 있는 가운데 그 분은 내게 큰소리로 욕설을 퍼부었다.

"개 같은 년, 간호사 주제에 너 따위 말 듣고 싶은 줄 알아? 의사 불러와 당장!", "야! 나이도 어린 게 무슨 말대꾸야! 내 아내나 풀어줘!"

놀랍게도 보호자는 주먹까지 치켜든 채 공격적인 태도였다. 그 분의 욕설과 소란에 동료 선생님들이 몰려왔다. 선생님들은 신속하게 보호자를 둘러싸고 진정시키며 나와 분리시켰다. 이내 안전요원이 올라왔고 보호자는 중환자실 밖으로 안내되었다.

상황은 정리되었지만 갑작스런 폭언과 위협적인 행동에 나는 무섭고 수치스러웠다. 환자와 보호자 모두가 지켜보는 가운데에서 속수무책 폭언을 당했다. 나는 간호사이고, 그 분은 보호자니까 화는커녕 말 한마디 제대로 할 수 없었다. 아직 근무는 4시간이나 남았는데 눈물이 날 것 같았다.

면회시간이 끝나고, 눈물 꾹 참고 일을 하고 있는데 동료 선생님이 다가와 괜찮냐고 말을 거셨다. 참았던 눈물이 찔끔 났다. 괜찮냐는 말, 그 한마디에 꾹꾹 눌러두었던 마음 한구석 틈이 벌어졌다. 태연한 척 했지만 사실 나는 많이 놀랐고 무서웠다. 무자비한 욕설 앞에 말 한마디 제대로 할 수 없는 게 속상했고, 수치심에 가슴이 아직까지도 두근두근하고 있었다. 그리고 동료 선생님의 그 따뜻한 마음과 어깨 툭툭 위로 덕에 나는 빗장 친 마음을 내려놓을 수 있었다. 상황 정리도 도와주시고, 놀란 신규의 마음까지 챙겨주신 윗선생님께 깊이 감사한 마음이 들었다.

혼자서 할 수 있는 일이 아니다

그렇게 시간이 흐르니 나도 후배들이 생긴다. 내가 그랬던 것처럼 다들 엄청나게 긴장한 상태로 주눅 들어 있다. 형태는 달라도 다 똑같다. 떨리는 목소리, 그렁그렁한 눈에는 두려움이 가득하다. 같이 열심히 일해도 부족함은 어쩔 수 없다. 인계 드리는 윗선생님께 영혼까지 탈탈 털리며 크게 혼이 난다. 결국 같이 퇴근을 못 하고, 후배는 남아서 마저 일을 더 하고 가겠다고 한다. 어쩔 수 없이 병원을 나서지만 두고 온 후배의 잔뜩 작아진 어깨가 마음에 걸린다. 밥도 제대로 못 먹던 게 생각이 나서 끝나고 치킨 집으로 오라고 문자를 남겨두고 다 같이 가서 기다린다. 1시간 후 온 몸에 기운이 쫙 빠진, 눈물 자국까지 얼핏 보이는 후배가 도착했다. 그 모습이 낯설지 않으면서도 참 안쓰럽다. 이십 대의 싱그러움이 온데간데없는 그 얼굴은 치킨 앞에서도 당최 밝아지지가 않는다. 너만 혼난 거 아니다, 나도 이렇게 저렇게 혼났었다. 경험담처럼 너도 나도 신규 때 혼난 이야기, 실수한 이야기를 해 주니 그제야 웃는다. 그 웃는 얼굴에 간신히 마음이 놓인다. 그렇게 같이 버텨 나가는 거다. 동기들끼리, 나중엔 선후배들끼리.

일할 때는 다들 어쩔 수 없이 예민하다. 밖에서 만나면 웃는 얼굴로 기분 좋게 얘기하지만 일에서 부딪치면 늘 화기애애하긴 어렵다. 퇴근 후 커피 한잔, 밥 한 끼가 필요한 게 그래서가 아닐까 싶다. 생각해 보면 처음엔 내가 벅차서, 나 힘든 것밖에 못 보았지만 여러모로 도움을 받았다는 생각이 든다. 일을 가르쳐준 선생님들, 뒤에서 지켜봐 주시고 내 실수 메꾸어 주신 점 등 많은 도움을 받으며 여기까지 왔다. 애초에 병원일은 누구 한 명 잘해서, 나 혼자 잘나서 해낼 수 있는 일이 아니다. 내가 끙끙거리고 괴로워하며 아주 더디게 성장할 때, 선배들은 든든한 울타리로 묵묵히 우리 곁을 돌보아주고 계셨다. 이제는 조금 더 윗분들의 섬세한 마음이 눈에 들어온다. 그 분들께 더 잘해야겠다는 생각과 더불어 나도 그런 선배가 되어야겠다는 생각이 든다. 일이 쉬워지기를, 편해지기를 기대할 수는 없다. 퇴근 후 글을 쓰는 오늘도 병원은 너무 바빴다. 새벽 5시 해가 뜨기도 전에 출근해서 해가 질 때쯤 겨우 퇴근하였다. 퇴근길 엘리베이터에서 우스갯소리로 한 선생님이 말했다.

"우리는 전생에 무슨 죄를 지었길래 여기서 이 일을 하고 있냐?"라고 농담반 진담반 말씀하셨다. 12시간 가까이 밥도 물도 제대로 못 먹어 음료수 한 잔씩 다 같이 나눠 마시던 길이었다. 힘들게 일하고 퇴근할 때면 함께 고생해 준 동료, 선배님들께 동지애까지 든다. 그렇게 선생님의 재치 있는 한 마디로 다 같이 호탕하게 웃으며 그 날의 노고를 털어버릴 수 있었다.

그 8시간, 우리의 고생을 알아주는 건 보호자도 환자도 의사도 아니다. 누구 하나 우리에게 고생했다고 말해 줄 사람은 없지만 그나마 위안이 되는 건 우리가 함께 일하기 때문이다. 희로애락이 있다. 누군가의 죽고 사는 것만 보고, 그 어느 곳보다 바쁘게 일하는 병원이지만 우리는 함께 일하고, 함께 커 나가기에 그 안에 작은 희로애락이 있다.

단 한 명의 간호사

환자의 안위를 가장 가까이에서 지켜보는 사람,

환자와 직접 부딪치고 병원에서 가장 많은 인력을 차지하는 직업.

의료인이란?

나는 의료인이다. 의료인 중에서도 간호사다. 흔히 사람들은 의료인이라고 하면 의사를 먼저 떠올린다. 물론 의료행위의 주체는 의사이고 가장 큰 책임자이자 지휘관이다. 하지만 환자와 가장 많은 시간을 보내고 접촉하는 것은 간호사이다. 의사와는 또 다른 간호사만의 일과 의미가 있는 것이다.

의료법상 의료인은 의사, 치과의사, 한의사, 조산사, 간호사를 말한다. 그리고 2017년 3월, 의료인 명찰 의무화가 법으로 제정되었다. 처음에는 이게 꼭 법으로까지 제정되었어야 하나 하는 생각에 의아하였다. 하지만 그 배경을 들으니 안타까웠다.

이 법은 강남 성형외과에서 유령의사에게 피해를 본 환자들이 속출하면서 제정된 것이다. 상담은 의사와 하고, 막상 수술실에서는 의료인이 아닌 이들이 수술을 행한 일이 발생한 것이다. 이러한 일명 '유령수술' 방지 차원으로 의료인들뿐만 아니라 의료기관 종사자들까지 명찰에 면허와 자격 종류, 성명을 표시하도록 되었다. 단, 무균치료실과 격리병실, 중환자실은 예외이고, 명찰 미착용 시 최대 70만 원의 과태료를 물어야 한다.

일반인들은 대체적으로 의료인에 대한 신뢰가 높은 편이다. 그리고 그런 신뢰를 이용해 의료인을 사칭하고 버젓이 의료행위를 하는, 이런 말도 안 되는 일이 몇 차례나 불거지며 법 제정까지 필요하게 된 것이다.

속수무책 당할 수밖에 없는 환자의 입장은 또 어떨까? 무언가 의심쩍어도 그 사람에게 "당신 의사 맞나요?" "간호사 맞나요?"라고 물어볼 수도 없는 노릇.

그리고 애초에 그런 의문을 갖지 않는 경우가 더 많다. 기본적으로 병원에 왔고, 병원에서 만나는 의료인에 대한 신뢰가 깔려 있기 때문이다. 그 신뢰에 보답하기 위해 의료진은 의무를 부여받는다. 의료법이라고 법도 따로 있고 각 직업군에 맞는 의무가 분명하다. 히포크라테스 선서, 나이팅게일 선서가 숭고하게 느껴지는 건 그들이 그 의무를 평생 이행하겠다는 의지가 담겨 있기 때문이다. 하지만 모든 이들이 그 책임과 의무를 처음부터 온전히 이해하고 그 직업에 뛰어드는 것은 아니라고 생각한다.

의료인이야말로 그 어느 직업보다 키워지는 직업군이다. 처음부터 훌륭한 의사, 완벽한 간호사는 존재하지 않는다. 환자와 부딪치고, 누군가의 죽음과 삶에 기여하는 경험들을 통해 이 직업의 무거움, 숭고함을 깨닫게 되는 것이다. 또한 사람의 생명을 다루는 일인 만큼 책임감, 희생정신 같은 묵직하고 뜨뜻한 마음가짐 없이는 계속해 나가기조차 힘들 수 있다. 그래서 더더욱 의료인은 자신의 직업에 대한 소명, 뚜렷한 신념이 있어야 한다.

나 역시 신규 간호사로서 의료인이라는 직책도, 간호사도 낯설었던 게 사실이다. 간호학생 때 나이팅게일 선서를 했고, 국가고시를 치러 면허도 가지고 있다. 물론 사회적으로는 국가고시로 면허를 따면 의료인이자 간호사로 인정을 받지만, 우리가 진짜 의료인으로 거듭나는 것은 언제부터일까. 병원에서 일을 시작하고, 국가고시를 합격한다고 해서 끝이 아니다. 간호라는 행위, 나만의 신념을 위한 제법 많은 고민과 시간이 필요하다. 그리고 나는 아직 결론에 도달하지 못한, 성장해가는 과정 중에 있다.

어느 의사의 고백

내 관심 분야인 만큼 종종 간호사, 의료인에 대한 책을 읽는 다. 그리고 외과의사 폴 칼라니티의 《숨결이 바람될 때》라는 책을 접했다. 이 책은 죽음을 앞둔 서른여섯, 젊은 외과의사의 이야기이다.

그는 전문의를 앞둔 신경외과 레지던트 마지막 해에 폐암 4기 판정을 받는다. 그리고 투병하는 마지막 2년 동안 회복도 되었다가 다시 전이되었다가 고군분투한다. 결국 세상을 떠난 그 이지만 의사이면서도 환자였던 그의 아이러니한 운명은 많은 이들에게 울림이 된다. 그리고 내가 특히 인상적이었던 건 환자, 질병에 대한 그의 태도였다.

> 하지만 자업자득이란 없다. 레지던트로서 내가 꿈꾸었던 가장 높은 이상은 목숨을 구하는 것이 아니라(누구나 결국에는 죽는다.) 환자나 가족이 죽음이나 질병을 잘 이해하도록 돕는 것이다.
>
> 폴 칼라니티, 《숨결이 바람될 때》 중

알콜 중독으로 인한 간 경화. 오랜 흡연으로 인한 폐암. 납득이 된다.

자업자득이라는 마음이 조금은 들고 그렇게나마 안타까움을 덜어내고자 한다. 원인과 결과가 있다는 것 자체로 위안이 된다. 하지만 현실의 많은 질병들은 그렇지 않다. 채 한 살도 되지 않은 아이들이나 아무 잘못 없는 이들에게 큰 질병과 통증이 갑작스럽게 찾아오기도 한다. 그래서 질병에 있어 자업자득, 인과관계가 있다는 건 현실적으로라도 들린다.

하지만 폴은 말한다. 자업자득이란 없다고. 그리고 나는 그의 말에 가슴이 뜨끔하였다. 어느 환자에게, 어느 질병에 자업자득을 붙일 수 있을까? 그저 누군가의 고통 앞에 우리 스스로 마음의 무거움을 덜기 위한, 납득을 위한 방편은 아니었을까? 어떤 질병도, 어떤 환자도 자업자득이라는 단순한 원인과 결과로 치부할 수 없는 것이다.

> 의사의 의무는 죽음을 늦추거나 환자에게 예전의 삶을 돌려주는 것이 아니라, 삶이 무너져버린 환자와 그 가족을 가슴에 품고 그들이 다시 일어나 자신들이 처한 실존적 상황을 마주 보고 이해할 수 있을 때까지 돕는 것이다.
>
> 폴 칼라니티,《숨결이 바람될 때》 중

이 책을 읽기 전까지 나는 의료인, 의사의 의무는 그저 환자를 살리는 것이라고 생각했다. 그러나 의사가 아무리 환자를 살려도 그 환자의 삶은 이 전의 것과는 전혀 다른 삶일 것이다. 누구도 그것을 돌려줄 수 없지만 그 달라진 삶이야말로 그 환자가 앞으로 앓을 가장 큰 문제이다. 의사는 그 부분들까지 고려해 의학적 판단을 내리고 돌볼 수 있어야 한다. 사실 생명을 살리는 것 그 자체만으로도 힘든 일이다. 많은 경험과 노력, 현명한 판단이 있어야 한 사람을 살릴 수 있다. 저자의 말이 이상적으로 들리기도 하지만 그의 분명한 신념은 의료진의 신념에 대해 많은 생각을 하게 한다.

그렇다면 간호란 무엇일까?

지금 내게 '간호'란?

우선 간호의 사전적 정의와 해석을 살펴보자. 대한간호협회에서는 "간호란 모든 개인, 가정, 지역사회를 대상으로 하여 건강의 회복, 질병예방, 건강유지와 증진에 필요한 지식, 기력, 의지와 자원을 갖추도록 직접 도와주는 활동이다"라고 정의하였다. 환자의 안위를 가장 가까이에서 지켜보는 사람, 환자와 직접 부딪치고 병원에서 가장 많은 인력을 차지하는 직업. 생명을 살리는 게 의료행위의 전부가 아닌 만큼 간호도 단순히 의사의 지시를 잘 이행하는 게 전부가 아니다.

지금 내게 '간호'란 다른 사람을 돕는 전문적인 행위이다. 지금이라는 수식어가 붙는 이유는 나는 아직 신규 간호사이고 5년 후, 10년 후가 다를 것이라고 생각하기 때문이다. 간호는 과학적인 근거와 전문적인 기술이 바탕이 되지만 무엇보다도 돌봄에 더 가깝다고 생각한다. 그리고 그 돌봄을 위해 가장 필요한 역량은 공감능력이라고 생각한다. 환자의 아픔, 고통에 공감할 줄 알아야 단순한 치료를 넘어 돌봄을 행할 수 있다. 질환 그 자체만이 아닌 환자의 작은 고통과 불편함도 볼 수 있어야 한다. 단순히 의료행위 서비스를 받는 걸 넘어 누군가에게 공감 받고 함께 치료해 가고 있다는 느낌을 주는 것이 진짜 간호가 아닐까. 의사보다 간호사가 더 잘 할 수 있고, 꼭 필요한 게 바로 그 돌봄과 공감이라고 생각한다. 당신이 나를 만나게 된다면 나는 당신의 단 한 명의 간호사이자 경험일 것이다. 그것은 나에게도 마찬가지이다. 같은 질환과 비슷한 모습의 환자들을 만나게 되겠지만 당신 역시 내겐 단 한 명의 환자인 것이다.

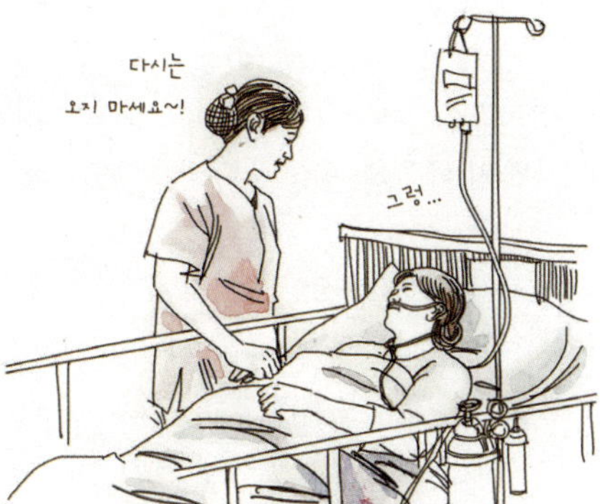

상태가 좋아져 일반병실로 가는 환자가 있으면 담당간호사가 병실 가는 입구까지 안내를 한다. 그리고 의식적으로 꼭 하는 행위가 있다. 손 꼭 잡고 "중환자실 다시는 오지 마시구요. 아쉽지만 다시는 뵙지 말구, 건강하세요!" 기분 좋게 인사드리고 돌아선다. 그 마지막 악수 한번과 눈맞춤은 바쁜 와중에도 포기하고 싶지 않은 순간이다. 너무 뻔하지만 그 온기가, 그 순간이 가장 기쁜 나는 평범한 단 한 명의 간호사이다.

INTERVIEW

5년 차 선생님

고삼 때처럼

전경숙 간호사

간단한 자기소개를 부탁드립니다.

2010년 중환자실로 입사해서 8년 차로 근무 중인 간호사입니다. 2015년 11월 말 그러니까 5년 차쯤에 사직서를 썼지요. 그런데 보험 심사팀으로 옮길 생각이 있냐고 하셔서 미지의 세계로 발을 디뎌 현재는 보험 심사팀에서 근무 중입니다.

보험 심사팀은 어떤 일을 하는 곳인가요?

의료기관에서 발생하는 진료내역을 각 보험기준에 맞춰 심사, 청구를 진행합니다. 흔히 급여, 비급여로 알고 계시죠. 제도 및 의료법과 관련된 고시를 점검합니다. 예를 들어, 위장관 출혈이 있는 환자가 판토록 5V을 3일 정도 쓰잖아요. 3일 이상 사용 시 적합한 사용이었는지, CRRT를 돌린다면 기준은 적합한지 등을 파악합니다. 병원의 경제적인 면과 직접적으로 관련되기 때문에 예민한 부분이 있습니다.

이직을 생각하셨던 계기는 무엇인가요?

당시 복합적인 상황이 겹쳤던 것 같아요. 5년 차이고 서른이 가까운 나이여서 새로운 걸 해 보고 싶었어요. 그곳에 뼈를 묻기엔 엄두가 안 났다고 할까요. 원래는 유럽여행을 계획했었는데 결국 떠나진 못했죠.

3교대를 했었으니까 상근직, 사무직에 대한 꿈도 있었어요. 그런데 막상 일해 보니 매일 뛰어다니고 활동적으로 일하다가 컴퓨터 앞에만 내내 앉아 있자니 그것도 힘들더라고요. 또 상근직이면 퇴근하고 운동도 하고 할 수 있을 것 같았는데 똑같더라고요, 하하. 오히려 야근도 있고, 집까지 일을 가지고 가는 경우도 많아요.

또 아쉬운 점은 나는 간호사인데 내가 매일 보는 건 환자가 아닌 컴퓨터라는 게 가끔은 괴리감이 들어요. 물론 환자와 병원을 위해 일하긴 하지만 뭐랄까 밖에서 간호사라고 얘기하기 민망하달까. 중환자실에서 일할 때는 보람이 없다고 생각했는데(환자가 좋아지는 경우가 드물어서) 지금 생각하면 그래도 보람이 있었던 것 같아요. 물론 자신이 찾아야 하는 것이지만요. 여러모로 아쉬움과 장단점이 있는 것 같습니다.

이직(정확히는 부서이동) 전 중환자실에서 5년 이상 근무하셨는데 선생님이 생각하는 중환자실 간호사의 장점과 단점은 무엇인가요?

힘든 부분은 끊임없이 누군가의 죽음을 보는 것이죠. 저도 처음에 환자를 보내드렸을 때가 아직까지 기억이 나요. 정말 하늘이 핑 돌았어요. 버거운 순간들이 종종 있죠.
장점이라면 위급한 환자를 돌볼 수 있다는 자부심이 있어요. 또 나 혼자만 애쓰는 게 아니라 다 같이 환자를 살리려고 노력하던 모습이 기억에 남아요. CPR 상황이 발생하면 모든 사람들이 도와서 한 사람을 살리려고 애쓰잖아요. 담당 간호사 혼자 하는 게 아니라요. 진짜 힘들긴 하지만 보람 있는 일인 것 같아요. 그리고 환자분들에게 가끔씩 듣는 고맙다는 말이 참 찡했던 것 같아요.

친절간호사로 상을 받으셨던 걸로 알아요. 중환자실에서 쉽지 않은 일인데 어떤 계기였나요?

글쎄요. 요새는 친절 간호사 추천 시 내용까지 공개해 주는 걸로 아는데 제가 추천을 받을 당시엔 익명이었어요. 그래서 지금 생각해도 어떤 환자분이었는지는 잘 모르겠어요. 그냥 원래 성격상 할머니, 할아버지들이랑 얘기하는 걸 좋아해요. 어른들도 대개 즐거워해 주셨고요. 소소한 즐거움이 감사한 일로 크게 돌아온 것 같아요.

중환자실 입사해서 처음에 공부는 어떻게 하셨나요?

공부 진짜 열심히 했죠. 거의 고삼 때처럼 엄청나게 많이 했어요. 처음엔 주로 약 위주로 공부했어요. 예를 들어, 똑같이 혈압을 올리는 약이라도 도부타와 도파는 기전이 다르잖아요. 응급상황을 대비해 용량도 정확하게 알아야 하고요. 그래서 이 약의 효능은 뭔지, 기전은 어떤지를 응급약물,

주요약물 위주로 먼저 공부했어요.
실제로 노은지 선생님과 트레이닝을 할 때도 시간이 남을 때마다 약장에 있는 약물을 공부하고, 외우도록 지도했죠. 부서 물품이나 약물 위치도 빨리 익혀두는 게 좋아요. 응급 상황 발생 시 안 그래도 당황스러운데 약을 못 찾아서 헤매지 않으려면요. 그리고 처음에는 환자 파악이 너무 안 되는 거예요.
그래서 집에 가서도 질환 위주로 공부하고 그랬어요. 환자 파악은 초반에는 너무 힘들지만 나중에는 또 쉬워지기도 해요. 입사 초기에 공부를 확실히 해두는 게 나중까지 큰 도움이 됩니다.

입사 초기에 실수도 있으셨나요?

펌핑기 다루는 게 서툴러서 애를 먹었던 것 같아요. 인공호흡기라든지 기계 다루는 것도 힘들었고요. 또 신규 간호사 때는 기본적인 석션suction, 피딩feeding도 잘 못하잖아요. 저는 제 트레이닝 선생님을 그대로 따라 배웠던 게 기억나요. 선생님이 하시는 걸 옆에서 잘 지켜보고, 순서대로 따라하곤 했죠. 기계 같은 경우는 하도 안 익숙해지니까 사진 찍어가서 집에 가서 그림으로 그려보고도 했어요. 시간 날 때 응급 카트도 열어보고, 삽관intubation 물품도 만져보고요.

마지막으로 신규 간호사들에게 해 주고 싶은 이야기가 있으신가요?

저는 3, 4년 차 때 가장 재미있게 일을 했던 것 같아요. 물론 신규 간호사 하면 딱 떠오르는 건 '힘들겠다', '태움 어떡하지' 같은 이야기지만 1, 2년만 버텨봐요. 괜찮아져요, 진짜. 그래도 간호사는 어떤 직업보다 보람 있는 직업인 걸요. 환자를 돌보는 보람, 간호사다운 자부심을 꼭 찾을 수 있기를 바랍니다.

INTERVIEW

10년 차 선생님

I See You

정영숙 간호사

Q 간단한 자기소개를 부탁드립니다.

A 2002년 혈액종양 내과에 입사해서 근무하다가 3년 차 때 중환자실로 이동해 현재까지 17년째 근무 중인 아직도 부족함이 많은 간호사입니다.

Q 병동에서 ICU로 부서이동 시 어려움은 없었나요?

A 일도 생소했지만 역시 사람이 가장 힘들었어요. ICU 텃세랄까 그런 것도 있었고, 그때는 태움도 더 심했죠. 유독 저를 미워하는 선생님이 계셨고, 미운 저 사람 그만둘 때까지 내가 버텨야지 하는 마음으로 버텼어요. 스트레스 많이 받았었죠. 어느 날은 퇴근하는데 속이 너무 쓰려서 어지러운 거예요. '아, 스트레스성 위궤양이 이런 거구나' 하고 확 느꼈죠. 돌이켜 생각해 보면 살짝은 무념무상으로 너무 깊이 마음 쓰지 않는 태도도 필요한 것 같아요.

Q 선생님도 그런 시절 있으셨다는 게 믿기지가 않네요. 그렇다면 병동에 비해 중환자실 간호사로서 필요한 덕목, 자질은 뭐가 있을까요?

A ICU는 'I See You'라고도 말하죠. 내 시야에 환자들의 모습이 벗어나지 않도록 지켜보고, 작은 변화도 빨리 발견하고 놓치지 않도록 주시해야 하죠. 간호사의 자질이야 어느 곳이나 비슷하겠지만 휴머니즘이 꼭 필요한 것 같아요. 생각대로 움직이고 표현하는 것이 어려운 환자분들이 대부분인 곳에서 그 분들의 불편함을 조금이라도 더 생각해 줄 수 있는 따뜻함과 여유가 필요하다고 생각합니다. 현실은 기본 업무만으로도 치여서 그렇지 못하기에…….

중환자실 간호사만의 특성은 뭐라고 생각하시나요?

중환자실은 언제 발생할지 모르는 응급상황에 대처해야 하는 곳이기에 더 단순할 수 있겠단 생각도 들어요. 준비된 모니터, 기계들, 준비된 응급상황 대처법들. 그것들을 시스템화해서 완벽한 팀워크로 일사분란하게 해내는 모습이 일반 병동 간호사들과의 차이점, 특성이라고 생각합니다.

10년 넘게 간호사로 일하시게 된 원동력은 무엇인가요?

다람쥐 쳇바퀴 돌 듯 바보처럼 병원, 집만 반복해서 다니고 있다고 생각하던 때가 있었는데 어느 날 생각해 보니 '출근을 안 하면 내가 뭘 할 수 있을까'라는 생각이 들더라고요. 이미 직장(병원)에 중독된 건가……. 지금은 출근할 때 내 존재감을 느끼고, 그것이 내 원동력이죠.

임신, 육아는 어떻게 넘기셨어요?

가족이 없었다면 못했을 일이죠. 수많은 간호사들이 부딪히는 문제이고, 저는 시댁과 가깝고 그나마 시간이 자유로운 자영업을 하는 남편 덕을 보았어요. 남편이 애들이랑 출근하면서 시댁에 맡기면 제가 퇴근하면서 데려오는 식으로 키웠죠. 그것도 어려울 땐 시아버님이 애들을 데려다 주시고, 방학 땐 언니네 집에도 일주일씩 보내놓기도 했어요. 아무리 사랑하는 가족이라도 나 쉴 때는 푹 쉬기도 해야 해요. 주변 사람들 배려와 도움을 많이 받으면서 해낼 수 있었어요. 현재진행형이기도 하구요.

의사와의 관계는 어떻게 하는 게 좋을까요? 조언 부탁드립니다.

쏘쿨So Cool하게. 너무 얼굴 붉힐 일 만들지 말고, 그 사람들에게 너무 상처받지 말길. 그러기 위해서는 정확한 의사소통과 정확한 기록, 오더 확인이 필요합니다.

앞으로의 계획을 말씀해 주세요.

원래는 집으로 가는 게 내 최종 목표였는데 여기까지 온 이상 좀 더 버텨보려고요. 그리고 어렸을 땐 나만 보였는데 나이가 드니까 확실히 시야가 더 넓어지는 것 같아요. 인생의 경력인지…… 세상 보는 눈도 넓어지고요. 더 힘들게 일하고, 월급도 제대로 못 받는 사람도 많은 걸. 결국 나밖에 못 보고 투정하는 것밖에 안 되더라고요. 또 식구들 한 번씩 입원해 보니까 환자나 보호자 마음도 더 공감이 가요. 환자를 내 가족 같이는 어려울지라도 공감하고 휴머니즘을 간직한 간호사이고자 합니다.

Q 혹 기억에 남는 후배가 있나요? 후배들에게 바라는 점은 무엇인가요?

A 노은지. 간호 업무만으로도 지쳐 집에 가면 눕기 바쁘고 다른 일은 생각도 못 했던 나랑은 달리 다방면으로 소질을 발휘하는 후배를 보면 내가 못했던 것에 대한 부러움과 존경심도 생기더라고요. 또 제가 잘 챙겨주지도 못했는데 항상 잘 따라주는 모습이 고마워요. 나도 내 첫 선생님이 마음에 남거든요. 아직도 힘들 때 버틸 수 있는 지주 같은 분이예요. 그만두시고 지금은 연락처도 알 수 없지만, 당시 어려운 마음에 마음 표현 못 했던 게 아직도 아쉬움으로 남아요. 후배에게 마음이 있어도 먼저 다가와 주지 않거나, 불편해하면 마음 주기도 어려워요. 그래서 어려울 텐데도 후배가 먼저 다가와주면 참 고맙죠.

사실 너무나 많은 후배들과 이별을 경험했기에 이름도 기억 안 나는 스쳐간 인연들이 많아요. 수많은 경쟁률을 뚫고 시험과 면접으로 치열하게 입사한 후배들이 너무나 쉽게 무너져 사직을 생각할 때 안타까운 마음이 들어요. 그들이 생각한 모습과 현실이 많이 다르더라도 몇 번의 고비는 넘겨보고 고민해 보고 결정했으면 좋겠어요.

Q 신규 간호사들에게 해 주고 싶은 말씀이 있으신가요?

A 나쁘지 않은 직장이야. 아직도 부족함이 많기는 하지만 내 경험상 처우며 근무환경도 점점 더 좋아지고 있어요. 잘 견디고 적응해서 오래 살아남기를 바라요. 시간이 해결해 준대요. 조금만 더 잘 버텨주세요.

INTERVIEW

20년 차 선생님

섹시한 신규 간호사가 됩시다!

박희라 간호사

간단한 자기소개 부탁드립니다.

1995년에 입사해서 현재까지 23년 차로 일하고 있는 간호사입니다. 쭉 중환자실에서 근무했고, 신경외과 중환자실에서 통합 중환자실로 왔다가 현재는 신경외과 중환자실에서 일하고 있습니다. 앞서 본문에 소개된 부서 이동을 한 책임 간호사이지요. 막상 소개를 해달라니 어떻게 제 소개를 해야 할지 잘 모르겠네요. 가족은 든든하게 지지해 주는 남편과 아들 두 명이 있고, 캠핑을 좋아합니다. 낭만주의자 남편을 따라다니다 보니 감성적인 걸 좋아하게 되었네요.

겨울 캠핑이라니, 춥지 않을까 하는 생각이 번뜩 드는데 역시 낭만적이셔요. 제가 기억하는 선생님은 환한 웃음이 가장 먼저 떠올라요. 신규 간호사 때 출근하면 한 분 한 분 인사를 하고 다니는데 사실 바빠서 인사를 받아 주기 힘들잖아요. 간단한 눈빛 교환, 눈인사조차 어렵죠. 근데 선생님은 바쁜 와중에도 인사하면 꼭 한번 쳐다봐 주시고, 웃어 주셨던 게 기억에 남아요. 별거 아닌 것 같지만 전 그게 늘 감사했어요. 짧게 우러러 바라본 선생님은 아름다운 걸 아름답게 보시는 분이셨어요. 그럼 중환자실에서만 20년 넘게 근무를 하셨는데 중환자실 간호사만의 특성이라고 하면 무엇이 있을까요?

거의 일대일 간호, 전인간호라고 할 수 있죠. 그래서 의사들보다 직접적으로 환자를 보는 시간도 많고, 캐치가 빨라야 합니다. 컨디션 변화를 빨리 빨리 파악해야 해요. 저는 ICU가 희망 부서였어요. 그 때는 거의 희망 부서로 보내줬거든요. 그 당시 제가 ICU를 택했던 이유는 왠지 정말 간호사 같아서였어요. 물론 시행착오적인 허망한 생각이었지만 지금도 후회는 없어요. 흔히 응급실, 중환자실 간호사 하면 더 전문적인 느낌이 있죠. 그만한 공부와 노력을 필요로 하기는 하지만 그로 인한 전문성은 확실히 있는 것 같아요.

네 그렇군요. 더 전문적인 간호사라. 매력적으로 들리기도 하고, 시행착오적인 생각일 수도 있지만 일리가 있는 것 같습니다. 저는 요새 의사들과의 관계가 고민이예요. 3년 차 정도 들어서니 선후배 간 마찰보다도 의사와의 관계가 더 어렵더라고요. 의사와의 관계는 어떻게 하는 게 좋을까요?

흔히 의사와 간호사의 관계를 상하관계로 생각하는 분들이 많은데 사실 그렇지 않아요. 특히나 요즘은 더욱 대등한 위치에서 일하죠. 물론 의사와 간호사 사이의 간극은 분명 존재하고, 그 집단의 보수성과 권위성이 큰 편이지만 동료라는 마음으로 함께 일합니다. 예전에는 간호사를 선생님이라고 부르지 않기도 했었는데 요즘은 호칭도 통일하고 거의 존댓말을 쓰죠. 그 부분은 계속 개선되고 있는 것 같아요.
그런데 의사와의 관계는 오히려 옛날이 더 좋았던 것 같아요. 퇴근할 때쯤이면 레지던트들이 부서로 전화가 와요. 데이 끝나고 밥 먹자고, 이브닝 끝나고 술 한잔 하자고 연락이 오고 다 같이 자주 만났어요. 그러면서 일할 때 얼굴 붉혔던 것, 언성 높였던 것 같이 털어버리고는 했죠. 개인과 개인으로 만나는 게 아니라 부서 전체로 다 같이 만나 어울리는 분위기였어요. 요새는 개인주의가 보편화되면서 그런 어울림이 많이 없어졌고, 그래서 더 소통의 어려움이 있는 것 같기도 해요.
같이 일하다 보니 의사와 언성 높이고 싸울 때도 있어요. 그럴 때는 무작정 쌈닭처럼 '싸우자'도 아니고, 무조건 '죄송합니다'도 아니고 한발 뒤로 물러서서 객관적 입장을 유지하는 게 필요한 것 같아요. 말처럼 쉽지는 않지만 혼자 해결하기 어려우면 수간호사 선생님인 책임 간호사 선생님의 도움을 받는 것도 필요하고요. 간호사니까 일단 저자세로 들어가야 한다, 그건 아닌 것 같아요.

네, 조언 감사합니다. 책임 간호사로서 어떤 상황에도 유연하게 대처하시는 모습이 인상적이었거든요. 신규 간호사는 전화 노티도 꼭 신규 티가 나잖아요. 좀 더 경력이 쌓이고, 경험이 생기면 더 잘 대처할 수 있겠죠?!

확실히 연차가 그런 부분에서 도움이 되죠. 특히 신규 때는 보는 시야가 좁잖아요. 시선이 넓어지는 것도 경험에 의한 게 큰 것 같아요.

책임 간호사로서, 관리자의 고충은 어떤 게 있나요?

제게는 윗사람도 있고, 아랫사람도 있죠. 딱 중간 입장이라는 생각이 들어요. 그 중간 입장에서 내가 잘하고 있나 싶을 때가 종종 있어요. 후배들은 모든 걸 물어보고, 그럴 때 혹 시원시원하게 해결해 주지 못할 경우 고충이 있죠. 수간호사 선생님, 간호부와 부서의 중간 다리 역할을 할 때도 있고요. 윗사람으로서 집단을 잘 이끌고 있는지, 나 스스로 흡수는 잘 되고 있는지 등 연차가 쌓여도 인간관계 고민은 피할 수 없는 것 같아요. 후배들이 선배들 대하는 게 어렵겠지만 저도 똑같지요. 같이 밥 먹을 때 어색하고, 불편할 때도 내가 윗사람이니까 먼저 말 걸고, 챙겨주고 해야 하는데 어려운 건 똑같아요. 선배 대하기 어려운 마음에 조심스러운 건 알지만 너무 나만 다가가는 건 아무래도 힘들죠. 그래서 후배가 뻔한 말이라도 "저희들 땜에 힘드시죠?", "오늘 화장이 예쁘세요." 하고 먼저 말 걸어 주면 밉게 보이지가 않더라고요.

저는 선생님이 해 주신 말씀 중에 "모든 일은 인간관계다"라는 말이 인상적이었어요. 병원에서의 인간관계를 잘하려면 후배는 어떤 태도를 갖는 게 좋을까요?

주위를 둘러보면 후배가 일은 조금 못해도 되지만 싸가지 없는 것, 예의 없는 건 못 참는다는 분들이 많아요. 그래서 일단은 싸가지가 있어야 한다고 생각합니다. 아랫사람으로서 기본은 지켜주는 게 좋을 것 같아요. 예를 들어 인사를 안 한다든지, 불렀는데 대답도 안 하고 듣는 척 마는 척 한다거나, 기본적인 예의도 없는 친구들이 있더라고요. 예의 바르고 싹싹하게만 해도 일 조금 못하는 건 용서가 돼요~.

간호사를 20년 넘게 해오시면서 위기는 언제 찾아왔었는지 그때 어떻게 극복하셨는지 궁금합니다.

3년 차 때가 기억이 나네요. 저는 동기 세 명이랑 같이 입사를 해서, 자취방에서 함께 살았었어요. 그리고 3년 차 때, 그 동기들이 고향으로 내려가 혼자 남았고 마침 부서이동도 있었어요. 나도 고향으로 따라 내려가고 싶은 마음이 굴뚝같았죠. 그런데 부모님께서 "처음 가는 직장이 평생직장이라고 생각하고 꾹 참아라."라고 종종 말씀하시곤 했는데 우직하게 그 말을 들었던 것 같아요. 그래서 첫 직장에서 지금도 20년 넘게 일하고 있죠. 그리고 또 기억에 남는 건 소아과 애기가 입원했을 때였어요. 워낙 상태가 안 좋은 아이였는데 BGA를 하고 그 전 결과와 큰 차이가 없어서 따로 노티를 안 했거든요. 근데 의사가 한참 후에 연락이 와서는 왜 노티를 안했냐고, "이 애기 죽으면 네가 책임질거냐."면서 굉장히 모욕적으로 언성을 높였어요. 당시 연차가 낮은 것도 아니었는데 거의 일방적으로 당했죠. 퇴근해서 밤마다 울고, 남편은 옆에서 속상해하고…… 지금이라면 그렇게 대처하지 않겠지만 거의 트라우마로 남을 정도로 힘들었던 기억이예요. 극복할 수 있었던 건 동료들의 편들기와 가족들의 따뜻한 위로 덕분이었어요.

솔직하고 유익한 이야기 감사드려요, 선생님. 마지막으로 신규 간호사들에게 해 주고 싶은 말씀 부탁드리겠습니다.

섹시한 신규 간호사가 됩시다! 일도, 성격도 야무지고 당당하게!
예의 있고 눈치 있는 친구면 더 좋을 것 같아요. 나는 노은지 간호사의 말을 참고해서 특히 신규들에게 인사를 더 잘 받아 주고, 잘 웃어 주는 선배가 되도록 할게요.
처음에 많이 힘들고 적응하기 힘들겠지만 나도 그랬고 다 지나가는 과정이예요.
힘내요, 신규 간호사!

퇴근 후 글을 쓰던 또 어느 날이었다. 오늘도 병원은 바빴다. 새벽근무로 5시 반에 출근해서 집에 돌아오니 오후 5시였다. 8시간 근무 동안 기관 삽관을 두 명이나 했고, 내 환자는 에크모ECMO(Extra-Corporeal Membrane Oxygenation), 체외막산소화장치를 삽입했다. 최소 세 명의 생명을 구한 셈이다. 근무하며 밥은커녕 물 한 모금 제대로 못 마셨지만 집에 도착하니 그냥 푹 자고 싶은 생각밖에 안 들었다. 하지만 오늘까지 써야 할 목표 글 분량이 있었기에 간신히 엉덩이를 붙이고 앉았다. 가을 햇살의 유혹을 피해 커튼을 내리고 꾸역꾸역 글을 써내려갔다. 노트북을 부여잡고 있기를 몇 시간, 마침내 글을 다 쓰고 나니 밤 10시였다. 피곤이 몰려오면서 몸이 부서질 것 같았다. 그래도 오늘의 글을 써냈다는 사실에 마음만은 뿌듯하다. 하지만 감상도 잠시, 내일도 새벽 5시에 일어나려면 어서 눈을 붙여야 했다. 서둘러 잠자리에 눕자 이번엔 근무하며 몰랐던 것들, 찾아봐야지 했던 것들이 생각이 난다. 간단한 공부를 하고 눈을 감지만 머리가 지끈거려서 잠이 안 온다. 억지로 잠을 청하고 있는데 핸드폰이 요란하게 울리고, 눈살이 절로 찌푸려진다.

아빠에게 온 문자였다. 아빠는 글 쓴다고 예민해진 딸 걱정에 요새 전화가 잦다. 아까도 전화가 왔었지만 퉁퉁거리며 대충 통화를 끊었었다. 마음에 걸렸지만 다시 전화하지 못했고, 늦은 시간 문자에 반가움보다 찌푸림이 앞섰다.

그리고 확인한 아빠의 문자에 쫓기듯 지쳐 있던 마음이 울컥했다.

'열심히 하는 모습 보며 딸이지만 존경한다. 사랑한다. 힘내라.'

나 힘든 것밖에 보지 못하던 내게 늘 그렇듯 과분한 마음이었다. 미안함 반, 고마움 반으로 뜨거운 눈물이 주룩주룩 흘러 마음을 적셨다.

처음 병원 일을 할 때도, 혼자 책쓰기를 할 때도 누가 뭐래도 그건 분명 나 자신과의 싸움이었다. 그 한걸음 한걸음은 나 혼자만의 싸움이었지만 곁에는 늘 사람이 있었다. 그렇다. 늘 사람이 있었다. 예민해진 딸내미에게 전화도 마음대로 못 하고, 뒤에서 묵묵히 응원해 주신 부모님. 생전 책이라고는 열 권도 안 읽어봤지만 매일같이 내 글을 읽어봐 주고, 한결같이 응원해 준 내 소중한 사람. 지금의 나를 있게 해 준 병원 선생님들과 애정 하는 동기들. 우직한 내 글쓰기 스승님 삼독님. 사랑하는 내 외할머니와 동생 현빈이. 내 영혼의 반쪽으로 늘 나를 웃게 해 주는 고마운 친구들……. 그렇다. 곁에는 늘 사람이 있었다.

친구의 추천으로 우연히 한 책을 읽게 되었다. 정혜윤 작가의《사생활의 천재들》이라는 책이다. 아래는 그가 책을 낸 친구에게 편지를 쓰며 이야기하듯 쓴 부분이다.

너와 고통의 관계는 고통 자체의 확대(그것을 원래보다 크게 느낀다는 의미)가 아니라 확장(그것을 다른 사람에게서도 느낀다는 의미)이였어. 자기 고통이나 행복, 배신, 서글픔을 확대하고 그곳에 주저앉긴 쉬워도 바로 그곳에서 출발해서 자신을 확장시켜 나가기는 너무나 어려워. 너의 책은 네가 고통을 느끼는 바로 그 한 점에서, 너의 감옥에서 네가 출발해 길을 떠났다는 것을 의미해. (중략) 그들에게 희망은 깨물어야 할 것, 이 사이에 넣고 깨물어야 할 그 어떤 것들이 되고 있어. 희망은 별처럼 먼 곳에 있지만 그 별을 입으로 옮겨 놓는 거야.

그래 이 부분이야. 이 사이에 깨문 희망. 나는 바로 그것 때문에 너에게 캐슈넛을 선물해. 네가 밤을 이겨내고 살아남길 바래. 바로 그것 때문에 캐슈넛을 선물해. 네가 피로 가운데서 너를 확장하길 원해. 바로 그것 때문에 캐슈넛을 선물해. 네가 희망 때문에 생각의 틀을 바꾸길 바래. 그것 때문에 캐슈넛을 선물해. 캐슈넛을 입에 넣고 깨물 때마다 희망을 깨문다고 생각하기를 바래.

나는 위 문장들을 밑줄을 쫙쫙 치며 차분히 곱씹어 읽었다. 이 사이에 깨문 희망. 수많은 좌절과 괴리감 속에서 희망은 언제나 손에 잡히지 않는, 멀게만 보이는 존재였다. 내가 할 수 있는 건 그저 놓지 않겠다, 이 사이에 깨무는 정도였다. 그러다 어느 순간부터는 그 작은 희망이라는 빛이 내 안을 가득 채우고, 나를 이끌어 주기도 했다. 그리고 그 곁에는 늘 사람이 있었다. 그들이 있어 나는 피로와 싸워 이기고자 했고, 희망 때문에 생각의 틀을 바꾸고자 할 수 있었다.

이 책은 내가 간호사로 살겠다는 다짐이다. 앞으로 더 많은 이들을 도우며 살아가겠다는 다짐이다. 이 사이에 희망을 깨문 채 더 많은 이들을 비추는 사람으로 살겠다는 다짐이다. 희망은 멀지 않기에, 곁에는 늘 사람이 있기에.